女兒是吸收媽媽情緒長大的

딸은 엄마의 감정을 먹고 자란다

朴又蘭——著
林侑毅——譯

悅知文化

前言／

愧疚的心、委屈的心、感恩的心

——關於女性的情感連結

「修道院？有那麼多事可以做，妳為什麼偏偏想去修道院？」

國中二年級時，一位非常要好的朋友曾經這樣問我。我是這麼回答的：

「嗯，可以一直等別人不是嗎？我非常喜歡等待的生活。我只要在同一個地方，每天以相同的動作祈禱，人們需要的時候隨時可以來找我，想離開的時候就離開。」

如今的我雖然已經離開修道院，不過想成為「等待者」的渴望，依然在諮商室裡徹底實現。在這條路上遇見的無數悲傷與痛苦，都寫在這本書裡了。寫作本書的目的，是希望將女性在成長過程中必然面對的所有情感，分享給更多的人，哪怕只能介紹一部分也好。

其中包含了不被理解而感到孤單、委屈的心；以為是關愛而付出，後來才發現適得其反，因而感到愧疚的心；以及即便如此，仍然對守護在我們身旁的貴人抱持感恩的心。

交稿後，我像是再次與撰寫本書期間攜手相伴的個案們道別，也向她們的父親與母親道別。悲傷不斷傾瀉而下，眼淚久久無法停止。在那段期間，我代替她們的母親致上歉意，也參與她們的悲傷，如今總算是送走了這些回憶。如果這本書能稍稍幫助讀者發現自己未曾了解的真實自我，並且獲得療癒，那將是我最大的喜悅。

在諮商室與個案見面交談，填滿了我生命中的多數時間。每天重複相同的生活，依照最單純的動線行動著。即便如此，我也未曾感到生命無趣，這是因為許多人的故事豐富了這間諮商室。每天與這些故事奮戰著，全心地投入其中，使我沒有多餘的精力去關心其他事情。

在諮商室裡的工作，經常得面對與解決各種誤解、扭曲關係造成的傷痛與創傷。可能是他人對自己的誤會，或是自己與親朋好友錯綜複雜的扭曲關係。同時，這也是幫助一個曾經為人女兒的母親、一個在這名母親懷中誕下的女兒，以及一個在這名女兒懷中生下的孩子，解決困難的過程。

「人類，在本質上無法去愛他人。」

這是佛洛伊德的話。換言之，人類經營生命的最終目的，是要朝著滿足自我的方向前進。一個人付出所有精力的對象，最終仍是自己。即使是在家庭關係中、母女關係中，也沒有任何例外。

我們每天都在煩惱，煩惱著該如何拋下內心蟄居的母親幽靈、父親幽靈、社會上各種意見的幽靈，進而毫無罪惡感地活出真正的自我。人們在告別這些幽靈，活出自我之前，必然經歷無數的悲痛與失去，而自我生命的安放處，就在與這些情緒拉鋸的過程中某個或遠或近的點上。

孩子出生後，遇見第一個能滿足自己快樂的對象，正是母親。第一段人際關係的開始，也是母親。孩子渴望母親，並且跟著母親的目光認識世界，而母親對待孩子原始慾望與需求的方式及態度，將會決定孩子未來的模樣。由於孩子只能透過母親這個對象來滿足自己，所以從這點來看，母親對孩子有著絕對的影響力。

「母性」，便是在這個脈絡之下被創造出來的社會觀念。「母親必須為孩子付出一切」，**這種近乎理想般的使命與幻想，造成各種疾病與衝突、痛苦。無法成為理想母親的自責感與面對外界賦予過多的要求，使得許多母親與孩子的關係陷入一團糟。**

在父權社會中，母親與女兒似乎擁有較特殊的心理聯繫與情感連結。然而我們必須冷靜看待與接受這個事實：母親與女兒的關係，並不像大眾普遍宣揚的，或像多數女兒所期待的——無私的愛。唯有如此，我們才能走上與原生母親不同，屬於自己的另一條為人之母的道路。

我們和「母親」的世界，究竟有多麼密切的情感往來？彼此間所付出的情感，是真正的愛嗎？在愛之中，必然也包含著毒性。本書要集中探討的，是關於世上所有母親和女兒正經歷著互相拉鋸的母女關係。並非父親沒有任何影響力或責任，只是將探討的議題選擇聚焦於母親和女兒間的關係，這點要先告知讀者，並希望大家能理解。

當我決定撰寫這本書時，最先浮現的情緒和想法是「擔心」。以專家身分說出來的話，真的可以寫進書裡嗎？我能對此負起多大的責任？各種憂慮不斷浮現。然而，我之所以最終能鼓起勇氣，是因為女兒一句鼓勵的話。她說：「**現在開始，是媽媽也要活出自己的時代。**」年幼的女兒給予了鼓勵，令我一時哽咽難言，卻也給予我再次投入寫作的力量。我要將滿滿的愛與感謝，獻給我那位願意忍受忙碌的母親、等待母親的女兒。

此外，我也要感謝願意與我分享自己的煩惱，並且同意將自己的故事寫進這本書裡的所有人，以及加入「慢郎中的書櫃」讀書會的三十、四十、五十多歲的媽媽們，感謝妳們花費將近兩年的歲月，持續陪伴我一起閱讀精神分析書籍。對於大家始終沒有放棄了解自己生命的精神，我由衷感到敬佩。

更重要的是，我要向正在閱讀本書的妳——曾經是某人女兒，又正是某人母親的妳，以及身處這個嚴峻時代的所有女性，表達誠摯的共感情誼。

寫於黎明前的心理診所「彼岸」
精神分析專家 **朴又蘭**

Contents

Contents

Chapter 2

Chapter 3

我也想成為母親疼愛的女兒
——關於母親的匱乏

Contents

Contents

Chapter 5

Chapter 6

跳脫母親的身分，活出自我的方法 ▼227
—關於母親的療癒

Chapter 1

女兒是靠母親的情緒餵養長大

——關於母親的情緒

給兒子關愛，卻對女兒處處要求？

「母親餵女嬰喝奶的時間，
比起餵男嬰喝奶的時間約少了30%。」

從社會結構的觀點或父權的觀點來看，許多家庭中的女性比男性更常以滿足他人的方式來實現自我。女性有時以張羅男性（丈夫、孩子）的生活、提供照顧與滿足需求等方式來證明自我。然而，這樣的照顧並不全然是為了對方。女性的奉獻不能視為單純的犧牲，自有其明確的原因。

雖然經常能看見女性以滿足他人的方式來彌補自身的匱乏，以此證明自己的存在，不過，這種方式大多用於兒子身上。她們對待女兒時，卻沒有一視同仁地採用相同的方式，這是非常矛盾的一點。

我帶著女兒見過幾次女兒朋友的媽媽們，在這個過程中曾目睹一個有趣的現象。假設大家點的許多點心已經全部端上餐桌，多數女孩們會自然而然停下自己手上的事，聚集到餐桌旁，在母親的身邊吃著點心，視線全落在母親身上；但是男孩們，卻絲毫沒有停下電動遊戲或其他遊戲的想法。更驚人的是，母親們會理所當然地夾起點心，放進兒子的嘴巴裡。

類似情況不只發生在少數人身上，更是我們生活周遭常見的景象，由此看來，母親對待女兒和兒子的方式確實存在著差異。在聚餐的時候，女孩們以母親為中心經營關係，而男孩們則更傾向於遊戲，也就是更關注於自己。

我們不妨再換另一種方式說明。如果女性更傾向於填補男性（丈夫或兒子）的匱乏，而非直接滿足自己的需要，那為什麼不以相同的方式來滿足女兒的匱乏呢？原因在於，**母親將女兒視為自己的延伸，而兒子和丈夫則是以他人的身分存在。也就是說，女兒之於母親，並非以獨立的身分存在，而是與母親本人相同的角色。**當然，這個情況無法一概而論，不過確實是非常有意思的現象。這樣的關係，在日後決定男孩與女孩的心理結構上，是相當關鍵的部分。

女兒從出生開始，就面臨著匱乏

根據佛洛伊德等精神分析學家的研究結果，母親餵女嬰喝奶的時間，比起餵男嬰喝奶的時間約少了三〇％。若說女孩們從出生開始就面臨了匱乏，一點也不為過。女孩看見母親哭泣，經常以為母親的情緒就是自己的情緒。母親對於女兒能夠同理自身情況有時會深受感動，但也不一定都是如此。

女孩在認知或覺察自己的情緒之前，一般會將母親這個對象的情緒與自己畫上等號，認為那就是自己的感受。換言之，她們將自己也帶入了母親的狀況中。她們不像男孩那樣，能將母親帶入自己已經相對成熟的情感中；而是將自己抹去後，不自覺地帶入母親的情緒。許多女性經常像這樣將他人的情緒視為自己的情緒，進而試圖想滿足他人，或者以滿足他人的方式來滿足自己、充實自我。多數女性對他人的情緒或反應相當敏感，卻對自己的情況或感受顯得遲鈍，原因就在於此。

男孩將母親視為自己的一部分，因此長大成人後，多數人仍將妻子或戀人視為自己的一部分，認為女性的犧牲或奉獻理所當然。也因此，如果家中同時有女兒和兒子，經常是女兒最先察覺母親的需求，並試圖迎合母親。而母親也認為這是再自然不過的現象，甚至暗自要求女兒比兒子做出更多的犧牲、放棄與退讓。

母親看待女兒的情感相當複雜。如果母親從小到大曾遭受冷落，就可能將自己兒時的模樣投射在女兒身上，用和自己父母一樣的方式冷落女兒、疏遠女兒。**當自己內心的匱乏被女兒發現時，一方面她們會感到不安、彆扭；另一方面，則會想方設法去除心中的匱乏。**此外，也有一些母親由於過去的匱乏而過度滿足女兒的要求，藉此補償自己。這是因為母親不將女兒視為他人，而當成年幼的自己來對待所造成的。

像這樣將女兒視為自己的延伸，女兒便容易錯失真正展現自我的機會。她們逐漸無法認清自己的情緒，最終過著在他人的情緒與反應下察言觀色的生活。所以身為母親，必須先努力認清自己的狀況、情感、慾望與需求。唯有如此，才能將自己的感受和孩子的感受分開來看，也才有辦法放下對自己和女兒不必要的罪惡感或責任感。

主動退讓的人生

曾是我諮商個案的英芝，她的兒時記憶中的第一個場景是這樣的。

當時還是嬰兒的弟弟，正在母親懷中安睡，只比弟弟大一歲的英芝也還是幼兒，但母親卻要求身為女兒的英芝站在弟弟身旁，輕輕撫摸弟弟的耳垂，讓弟弟可以舒服地入睡。英芝每次回想起這個場景，總覺得小時候的自己是那樣孤單可憐。據說一早起床，弟弟的耳朵已經被摸得腫起來了。

相較於得到母親較多照顧的哥哥、弟弟，遭到排擠的女兒所承受的，可不僅只是冷落和孤單而已。女兒還得全盤接受母親的情緒垃圾，受到的影響超乎想像。許多女性兒時過著迎合父母的生活，婚後又以相同的方式迎合丈夫與兒子，過著主動退讓的人生。然而她們在面對女兒時，卻能毫不猶豫地宣洩情緒。換言之，她們利用女兒追隨母親、體諒母親心情這點，盡情地宣洩自己的情緒。

雖然像過去那樣強求女兒犧牲或退讓、在背後默默支持兒子的情況，在現今社會已較為少見，但大多數的女兒依然是母親宣洩情緒的窗口。母親在女兒成長過程中最常說的話，不外乎以下幾句：

「沒有妳，我還能依靠誰？」

「幸好還有妳，我才能堅持下來。」

「我只能靠妳了。」

利用這些話，母親再次將女兒勒緊，讓女兒覺得「原來我對媽媽那麼重要」、「原來媽媽少不了我」。這也是多數女兒渴望成為母親心目中最重要的一人，卻依然未能實現夢想，所以無法拒絕母親的要求。母親緊緊抓住女兒的渴望與未被滿足的匱乏，不願錯過能抒發自己所有抱怨與情緒的發洩管道。

常聽到許多女兒於婚後仍每天和母親通話，無論兒時或長大成人，我們都希望成為某人心中最重要且不可或缺的人，尤其是父母。女兒渴望實現的夢想，當然是成為父母心中的第一順位、絕對無法撼動的存在。

尚未被追悼的情感，
終將重新歸來

「女兒比母親自己更能先察覺母親的情感、需求與慾望。」

我在接受精神分析諮商的數個月間，眼淚沒有一刻停止，只是不斷重複著「我好委屈」的話。即便那樣反覆述說自己感到委屈的情感，我卻無法理解自己說出的話。因為在我的記憶中，沒有發生過任何一個足以感到委屈的重大事件。當時替我進行精神分析的醫師，並未對此提出任何解釋。直到情緒治療結束後，過了好長一段時間，我才發現自己感到委屈的真相。

我的委屈，其實是「孤單」的另一種表現。說到這裡，我在腦海中浮現一個場景：一名年幼的小女孩，獨自坐在偏鄉住宅庭院的一角玩耍。住在奶奶家好一陣子的她，經常在晚霞落入山頭的時刻，追在馬路上揚起塵土的公車之後。我又想起小女孩嚎啕大哭，說想見媽媽的場景。時間之於女孩，一天就像千年那樣漫長。不想孤單一人的心情，以及本該見到母親、待在母親身旁的權利，都未能得到滿足。她所感受到的孤單，已非單純的孤單，而是近乎於委屈的孤單。

那時被生活壓得喘不過氣的奶奶，硬是拉著哭鬧不止的孫女小手，說要把孫女丟掉。「妳再哭的話，就給我滾。」奶奶一邊大聲喝斥，一邊對著公車招手。拉扯孫女的那隻手腕、那嘶吼的聲音以及當時的痛苦，至今我仍記憶猶新。女孩哭著想見媽媽，卻換來驅趕與責罵的委屈；只要搭上公車，似乎就能回到母親身邊，卻連公車也上不了的無力感；再怎麼思念母親、再怎麼哭喊，也沒有人願意伸出援手的孤立感；沒有任何人理解自己的疏離感，這一切回憶化為痛哭，不斷傾洩而出。

「我好委屈！」

這是一句乘載過去所有痛苦的暗號。未被完全消化的情緒記憶，就這樣隱藏在我內心的各個角落，直到某天觸碰到適當的環境和時機，便再度現身。

在修道院過著團體生活時（我曾經是修女），經常將自己孤立起來。孤立對我而言是一種「追悼」。對於潛意識與模糊記憶中的經驗與情感，我努力找出類似且適當的環境和事件，一再回想與追悼。透過這種方式，讓過去尚未被徹底解決的情緒，開始以各種不同的樣貌回到我身上。

被困在過去的母親

擁有一雙女兒的智允，是個認真活在當下的平凡母親，也是任職於大企業的盡責上班族。孩子的父親，無論是作為一位丈夫還是父親，都給予了最大的支持。這對夫妻從年輕的時候開始，就撥出自己的時間和部分收入幫助貧困孩童，並積極從事志工活動。

智允第一次來到諮商室時，表現出難以形容的不安。她說，不知道從什麼時候、從哪裡開始出了差錯，總之，自己過得非常不安、痛苦。我花了相當長的時間，與智允一起進行深度諮商。

智允的兩個女兒都曾接連染上重病，也都動過手術，不過夫妻倆並未意識到大女兒的情況如此嚴重。更正確地說，他們並未花太多精力在女兒身上。幾年之後，二女兒也出現了狀況，必須住院接受治療。尤其二女兒有失聰的問題，幾乎無法回到原本的聽力水準。為了找出疾病的原因，他們也將女兒送到大醫院檢查，但是並未找出明確的病因。最後只能交給時間，期待孩子自然痊癒。

智允非常擔心身為父母的自己是否做錯了什麼。仔細分析她的擔憂，發現相較於擔心孩子的病痛無法痊癒而不知該如何是好，她更擔心如果錯在自己，該怎麼辦？

許多女性，尤其是母親在面對孩子生病或出問題時，通常不是先關心孩子，而是自己先產生罪惡感，擔心是自己的錯誤造成。這個罪惡感看似是母親對自己的自責，但更嚴格來說，也可能是母親保護自己的方法。無論如何，比起擔心孩子的狀況，母親更先擔心自己。而「會不會是我的錯」的不安、「我是不是個壞媽媽」的焦慮，又使她們再次錯過重要的時機。在如此關鍵的時刻，母親表現出來的態度不是冷靜分析事情與狀況，而是向內退縮。比起受病痛折磨的孩子，母親首先想到的，反而是自己的角色和形象。

任誰看來，智允都是模範媽媽，兩個女兒也是相當活潑開朗的孩子。女兒們在無關父母遺傳基因的情況下發病，自然是一場意外。然而，智允卻四處尋求諮商的協助，並在發現原因可能是來自於本身的匱乏和慾望後，受到了不小的打擊。這不是在單純探索親子關係時發現的，而是在了解智允原生家庭的環境與時空背景，以及當智允兒時的創傷與匱乏一一浮出檯面後，才逐漸清晰。

「被過去魔掌完全控制的人生令人難以忍受，
所以追悼的行爲必須發生。」

——達里安・李德爾*(Darian Leader)

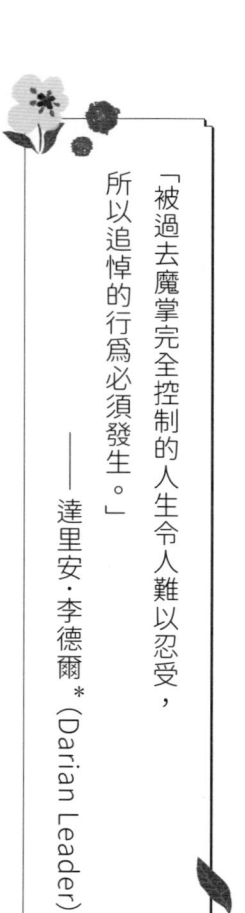

在關心之外長大的母親

智允雖然從小生活在哥哥的陰影下，被父母冷落、忽視，卻仍努力成為不讓父母操心的善良女兒。她不僅在公司是一位深受器重的員工，也從大學開始，全心投入幫助貧困兒童的團體中，至今不曾間斷。

小時候，智允以為只要努力學習，就能獲得父母更多的關心與疼愛，所以拚盡全力取得優秀的成績，卻仍遠遠不及哥哥所得到的關注。她反而從父母的態度中，看見他們對身為老二、又是女兒的自己不抱任何期待，從小到大生活在強烈的疏離感之中。自小體弱多病的哥哥，則占盡了父母的愛；而智允再怎麼努力，永遠都在父母的關心之外，甚至經常有：「我一點也不覺得痛……。」的想法。

孩子經常利用身體的疼痛來獲得父母的關心，智允又怎麼會感覺不到疼痛呢？或許是因為她認為不讓父母操心，就是幫了父母的忙，而幫了父母忙的女兒，自然也就

＊註：達里安．李德爾，是英國的心理分析專家和作家。

會被父母接納。所以即使感到疼痛，也不能自由表現出來，小小智允的內心肯定相當不安。

在那樣的環境中，想必當事人智允也不容易察覺，自己對父母的關心和關愛的渴望有多麼強烈。**儘管智允為人謹慎誠懇，深受旁人的信任，但她卻已經習慣當一個毫無存在感、安靜且不被他人看見的人。這正是智允的人生。**

智允就這樣在父母的關心之外長大了，然而，在她生下兩個孩子之後，以及兩個孩子生重病時，孩子們卻獨占了所有人的關心與擔憂，也得到無微不至的照顧。而這正是智允從前最渴望得到的獨占經驗，內心不禁有一股不曾體驗過的奇妙快感。過去認為直接向某人索求關愛或關心並不恰當的智允，發現比起自己獲得關心，她更期待、渴望孩子獨占旁人關心與關愛。換言之，智允從孩子獨占旁人關心與關愛的模樣中，暗自獲得快感。而在看見身旁同事或職場中的前輩對其他同事的孩子表達關愛時，智允心中也會產生無法按捺的妒火。

智允最擔心的是變成「不合格的母親」。然而，這並非是擔心自己真的變成不合格的母親，而是「擔心自己被當成不合格的母親」。她在意的是——自己的形象。

智允真正的罪惡感源於自己不斷忽視的內在需求，而不是未照顧好孩子使孩子生病。實際上，她並非不合格的母親，只是她不願接受這個事實，不願相信自己。在諮商室中與智允長期交流，我發現她還是一個討人喜歡又可愛的女人，可惜的是只有她自己不知道，不過我最終也沒有直說。因為只要當事人沒有認識到自己的可愛之處，也就不會相信自己有多討人喜歡，那麼，旁人的話終究只是不痛不癢的安慰，就像一陣風般立刻消失不見。

如何不利用孩子來滿足母親的匱乏

即使帶著潛意識中的扭曲與創傷，以及想藉由孩子暗自獲得補償，智允內心深處仍有一個聲音：「我想解決自己沒有意識到的某些問題。」所以她循著這個聲音，來到了我的諮商室。可見她已經鼓足了勇氣，想要跳脫曾經緊緊束縛著她的「模範母親」的形象。

看著智允一方面擔憂害怕，一方面又堅強地面對自己的模樣，我不禁替她捏了一把冷汗，也衷心期盼著她千萬不要逃避，和我一起堅持下去。若放下了心理師的身分，我是非常喜歡智允的。不過，更重要的是智允並未逃避，而是選擇堅持到最後，我只有感謝再感謝。

看著智允，**我終於明白了母親體內同時存在著毒性與母性，一邊是想吞噬孩子的毒性，一邊則是想保護孩子不被毒性攻擊的母性。**

女兒比母親自己更先察覺到母親的情感與需求、慾望。在大女兒和小女兒接連罹患重病的過程中所承受的傷害，可以藉由母女之間強烈而緊密的心理聯繫來解決，這道聯繫是我們難以用言語形容，也無法以物理方式來證明的。

法國精神分析學家弗朗索瓦茲·多爾多（Françoise Dolto）曾說：**「兒童的心理**

症狀、生理症狀，是母親沒有說出口的謊言。」更說道：「孩子明白母親沒有明說的一切。」所以對母親而言，孩子有時也扮演了填補或補償母親內心空缺的角色。

主動發現並控制自己潛意識的行為是相當困難的，這也是為什麼比起向外尋求解決之道，人們更需要不斷努力了解自己內在慾望的原因。我們的內心雖然難免存在著微小、邪惡的需求與慾望，卻仍有想脫離這些情感、追求自由的需求和意志。越是壓抑和逃避，情感鬱結就越深，最後甚至會將這些難以捉摸的情感鬱結責任與過錯，歸咎於身邊的家人。正視、認同與接受自己潛意識的慾望，反倒有助於脫離這些情感，只是這條路並不好走。人們潛意識中的匱乏與慾望，使得過去的自己無法向外跨出一步，而這也正是所謂的「偏執」。

「父母與年幼子女的潛意識共鳴。」
——卡特琳娜·瑪德琳（Catherine Mathelin）

愛是自私的

「如果媽媽當初乾脆放棄爸爸，
我們互相扶持努力，
今天也不會走到這樣反目成仇的地步。」

一位心理學家曾說：「缺乏母愛的母親不懂得照顧孩子，卻期待孩子多愛自己。」根據我的臨床經驗，與其說是缺乏母愛，不如說母親本身的匱乏感越強烈，就越希望能透過孩子解決匱乏。當母親陷入自己的匱乏感時，便無法成為孩子期待的母親，為孩子提供充足的養分。此時，母親兒時的匱乏感可能來自於真實的經驗，也可能與實際經驗無關，僅是因為兒時主觀認定的匱乏逐漸累積形成。

無論男女老少，我們內在都有渴望被擁抱的依賴需求。在夫妻關係中，如果雙方相處和諧親密，透過孩子滿足的依賴需求將大幅降低；而無法從配偶身上滿足親密與依賴需求的女性，則會透過最容易親近的孩子解決此需求。

父親也經常透過女兒填補妻子或自己的母親無法滿足的依賴需求，不過，更多的男性是透過外在方式解決或獨自沉迷於遊戲。近年來，大人與小孩最容易宣洩依賴需求的，正是智慧型手機。許多人二十四小時智慧型手機不離身，以此維持心理上的依賴和親密。

無法放下無能丈夫的原因

在成長階段的幼兒，會向出生後接觸的第一個對象——母親，暴露自己肉體的脆弱，完全地依賴母親。直到兒童期之前，孩子對母親的依賴與保護需求最為強烈。此時，如果父母的照顧不夠周全，或者實際上雖有照顧，但孩子卻依然感到匱乏時，這個未被滿足的依賴需求，將在孩子長大後以不同的形式被保留下來。**就像孩子願意為照顧自己的對象放棄自己，服從對方，多數女性也不惜奉獻與犧牲自己，只願找到能保護自己的人。**孩子們認為受到保護等於被愛，女性則認為給予保護等於付出愛。

其實在眾多母親之中，有不少人選擇和無能的丈夫度過一生（儘管她們實際生活能力強，也有足夠的體力保護自己），她們因為對心理上的依賴、照顧與保護，有所需求、期待與憂慮，而不惜為此付出巨大的犧牲。無論付出多大的代價，只願換來不被拋棄的母親們，反倒消耗了自己的生命。

然而，她們在付出巨大代價所維繫的家庭生活中，真的沒有被拋棄嗎？緊抓著家庭表面的軀殼和形象，能說服自己沒有被拋棄嗎？不知道有多少夫妻已經過著貌合神離的生活，只是無法放棄家庭這個象徵性的假象，才以顧慮孩子的名義迴避彼此？最令人絕望的是，一些母親將這個犧牲美其名為顧慮孩子的感受，而將責任和代價轉嫁到孩子身上。

許多從小看著母親因父親而受盡折磨的女兒，在諮商室裡一定會這麼說：

「如果媽媽當初乾脆放棄爸爸，選擇我們，讓我們互相扶持努力，今天也不會走到反目成仇的地步。」

站在身為母親的立場來看，這是一句非常殘酷的話。因為這句話，等於要求母親只為子女而活。即便如此，如果女性以為守護了家庭這個軀殼，就能安慰自己已經盡了為人父母的責任，恐怕有些牽強。因為母親很容易忽略子女在這個環境中，經歷著什麼樣的心理疏離與存在疏離。

其實，如果子女和父母維持穩定的一對一關係，那麼，正如我們所說的，孩子無論面臨何種破壞性的情況，都能妥善適應並堅持下去。被稱為兒童青少年精神分析大師，也是醫學專家的唐諾．溫尼考特（Donald Winnicott）如此說道：

「在婚姻生活出現困難時，孩子們只能被迫適應家庭的崩壞。即使是父母不得不離婚和再婚的情況，孩子也會知道有時必須成全大人的分離。」

這正是為什麼母親不該以顧慮孩子為藉口，逃避自己感到害怕、想要迴避現實的原因。

犧牲型母親的背叛

依賴需求，是試圖維持快樂且近乎衝動的固執。依賴性強的母親，大多將自己放在受害者或弱者的位置上。然而有趣的是，依賴需求的另一面則是支配需求。「我的需求必須由別人來滿足，所以我會變得不幸也是別人的錯。」

她們過度依賴丈夫，而當丈夫不肯給予她們所期待的，或者不能滿足她們所要的，因為無法獲得滿足，進而將這個代價或要求轉嫁到孩子身上。**這群母親們不是不努力負起責任，而是認為自己不具有能負起責任的力量和資源，害怕做出任何決定或選擇。**其實原因不只在於她們所理解的自身軟弱和脆弱，更是因為一個人面對自己的問題時，思考該做出何種選擇和決定，並為此負責的過程是如此的孤單與孤獨。這是無法和任何人共同完成的事。

依賴性強的人並不一定懶惰，她們比任何人都努力生活，只是她們將所有精力和目光都朝著外界。她們不停向外尋找原因，孤獨地為解決問題付出努力。像這樣將自己交給配偶或身邊的家人、外部資源，自然是更安全、簡便的方法之一。**她們看似將**

生命的一切交給配偶或權威者，讓出主導權給他們，但這其實是間接的支配與掌控。當然，選擇依賴他人以謀求方便，代價自然是身體上的犧牲與奉獻。這個犧牲與奉獻將使自己成為對方不可或缺的角色，促使權威者保護自己。

然而，如此犧牲、忍耐、奉獻，換來的如果只是匱乏及挫折，當事人心裡必定充滿憤怒與怨恨。某些母親與控制慾強的丈夫生活在一起，一邊對生活感到厭倦，經常以受害者自居，抱怨自己受盡苦楚，卻又一邊試圖維持這樣的控制，甚至還有人樂在其中。我曾經聽過有人這麼說，著實嚇了一跳：

「我先生真的是想怎樣就怎樣，控制慾又很強，煩都煩死了。但是這種比較強勢的另一半，好像還是需要的。」

女性為求依賴而犧牲奉獻，最終目的在於她們期待的保護感。雖然女性的確需要基本的保護，但是也不如想像中的那樣，得不到他人保護或無法依賴某人，就會立刻崩潰。然而，有些人為了維繫依賴的關係，甚至憑空想像出不切實際的不安。

我在諮商室裡遇過依賴性較強的個案，大多表現出用心傾聽、順從的態度，但她們最終仍不願主動解決自己生命的課題，也不想表現出隱藏在內心深處貪求方便的心理。但是只靠身體上的犧牲和奉獻，是無法解決生命中的許多課題。我也曾經聽過這樣的話：

「要我花一小時陪孩子玩，我寧願花十個小時種田。」

在生理上犧牲身體，在精神上一再忍耐退讓的母親，有時也會向長大的女兒要求和自己一樣的犧牲，或是以過高的期待壓得子女喘不過氣來。反之，當母親不願意關心子女，只專注在自己的生活上，女兒將無法放下沒有被母親滿足的依賴需求，即使長大成人，依然會圍繞著父母打轉。

對孩子的愛，其實是母親的私心

孩子撫慰父母的力量，是無人能比的。深夜結束工作回到家，丈夫再怎麼安撫，也沒有多大的效果；但是，只要在女兒身邊躺下，所有辛勞立即一掃而空。只是一旦沉迷於孩子帶來的甜蜜撫慰，夫妻關係也可能就此漸行漸遠。

曾有一位學長向我大吐苦水，說自從生下第二胎後，夫妻之間就沒有同房過，因為妻子整天只想抱著孩子入睡。雖然妻子嘴上說是孩子不想和媽媽分開，其實他感覺得出來，是妻子自己不想和孩子分開。如此緊密的母子關係，當然是任誰都無法阻礙。而在這樣的親密和依賴關係之下，生命主導權受到控制的一方自然是孩子。

和朋友的約定可以違背，面對母親的要求卻無法拒絕，這正是身為女兒的現實。女兒藉由母親滿足自己被人所需要的慾望，同時母親也是女兒渴望的對象，女兒對母親的依賴由此形成。換言之，雙方形成互利共生的關係。

當母親對女兒的依賴，達到無法接受女兒心理上的分離或獨立的程度時，這個依賴雖然暴露了母親的懦弱，卻也讓母親成為孩子眼中具有威脅性的恐懼來源。英國兒童心理學家唐諾・溫尼考特說：「絕對依賴的關係之所以建立失敗，原因在於不論男女，皆對於能決定自身命運的女性感到恐懼。」意思是，當嬰幼兒在母子關係中，無法對絕對的依賴抱持信任時，將會產生「母親」（決定自身命運的女性）隨時可能拋棄自己或威脅自己的恐懼。只要母親無法釐清自己感到不安與渴望依賴的真正原因，而繼續處在情緒不穩的狀態下，孩子便可能對女性產生根本的恐懼與敵視。

如果母親的依賴與不安未能得到解決，又無法從年幼的子女身上獲得自己渴望的愛時，也可能因為承受不了一切而出現情感報復的行為。在母親的情感報復面前，孩子最終只能放棄自己。因為對孩子而言，母親不是她們可以選擇的對象。

> 「絕對依賴的關係之所以建立失敗，原因在於不論男女，皆對於能決定自身命運的女性感到恐懼。」
>
> ——唐諾·溫尼考特（Donald Winnicott）

母親是神

「許多母親認為必須掌握孩子的一切，
才能給予保護。但真的要
掌握一切，才能幫助到孩子嗎？」

在智力發展尚未健全的孩子眼中，看見的不是真正的母親，而是他們透過想像建構出來的形象。在孩子的想像中，母親有時是接近全知全能的神，有時是極其殘忍、恐怖又冷酷的黑暗形象。母親在孩子心目中是絕對的存在，然而這與母親的實際模樣毫無關聯。孩子的夢中偶爾會出現可怕的母親，她們以老鼠、蟲子、魔鬼的模樣現身，威脅著孩子的安全。這些源自於孩子想像中對母親的不安，而觸發這股不安的因子正是母親，也是女性形象中的黑暗面。

榮格在分析心理學中提到女性的黑暗面，認為其中存在著「暗中的掌控與吞噬」。我們經常以象徵手法將母親比喻為大地，大地以其肥沃滋養人類。然而，當大地貧瘠乾涸時，必然出現龜裂，而這些裂痕也可能顛覆一切、吞噬萬物。所有人與生俱來就對「絕對存在者——母親」感到不安。對孩子而言，母親本身就是一個難以理解的對象。

「犯了錯會不會被媽媽丟掉？被媽媽趕出去？」這是人類早期最原始的不安，有時也直接激發孩子產生「媽媽可能會傷害我」的被害妄想。我們經常可以看見孩子為了克服這樣的妄想，而出現各種暫時性的強迫症。例如，舉行睡前儀式或做出某種特定反覆的動作。**當父母尤其是母親教養過於嚴格或強制禁止時，孩子便會將母親想像成具有威脅性且可怕的角色。**

從宗教的角度來看，雖然我們將自己寄託於神，卻也敬畏著神。這是因為我們假設神已經了解自己的所有想法和言論、所有行為的意圖和意義，我們是神予以審判的對象。

《中文和合本聖經》《路加福音》十二章第七節中，有一句話：「就是你們的頭髮，也都被（神）數過了。」仔細想想，這句話還真令人害怕。如果真有人數過自己的頭髮，大家作何感受呢？肯定會覺得監視無所不在，行為處處受到限制吧！神的目光賦予我們扮演好一個人的標準與良善，卻也帶來了無形的壓迫。

在日常生活中，有許多母親認為必須掌握孩子的一切，才能給予保護，也對此堅信不移。但真的要掌握一切，才能幫助到孩子嗎？不是的。我們有必要好好檢討自己想要了解一切、掌控一切的慾望。其實在孩子面對父母，尤其是母親的態度中，混雜著各種複雜的情緒，其中包含了渴望親密與依賴、理想形象與恐懼，以及從恐懼中衍生出的攻擊性。

「孩子最不安的時刻，
就是母親站在身後的時刻。」
——雅各・拉岡（Jacques Lacan）

母親的存在，或者恐懼

許久前，我曾經走過一趟絲路，雖然當時的起心動念很突然，不過我一直很想親眼看看沙漠，也曾想過自己若真的見到之後，內心會有多麼激動。然而，當我第一次看見沙漠的真實模樣時，內心更多的是恐懼，而非感動於大自然之美。莊嚴壯闊的岩山、乾涸龜裂的地平線、夜幕低垂的天空與星辰給人的壓迫感——在孩子眼中，母親正是這樣的存在。在脆弱的自己面前，母親既是渴望的對象、關愛的對象，也是帶來極端恐懼的對象。

當我們從遠處觀看星辰時，能盡情欣賞星光的美麗與變化萬千的模樣。但身在沒有任何光害，也沒有任何人為影響的大自然中，看著近在咫尺的星辰，卻只感到無盡的恐懼，就像是要被前所未見的巨大怪物生吞下肚一樣。母親也是如此。當孩子無法看清楚母親站在自己身後的模樣，此時的母親就像一個令人畏懼且壓迫的存在，激發孩子對於不安與恐懼的想像。其實母親站在身後的感覺，只是孩子主觀上的感受（猶如我面對大自然時的感受），他們猜不透母親怎麼想，又是如何看待自己的（猶如我猜不透大自然）。

當然，我所感受到的恐懼是原始的、與生俱來的，是與「存在」有關的。我們之所以能真正意識到自己的存在，得多虧我們的父母願意放棄自我，映照出我們的模樣，並且擁抱與接受我們。至於我所感受到的壓迫，則是在面對大自然的壯闊時，擔心自己渺小的存在可能會就此消失的恐懼。當父母的存在過於強烈且具有壓迫感時，孩子感受到的恐懼就會像我一樣。

孩子的存在感，始於父母將孩子抱在懷裡、寧可自己消失，也要犧牲自己讓孩子活下來。而當孩子日後面對其他威脅時，發現自己已足夠強大，能與對方勢均力敵後，更可進一步塑造自尊心。直到某天，當我們願意主動放棄這個在成長過程中逐漸成形的存在感，而不是受到他人脅迫才放棄時，這個存在感將可昇華為「愛」，進入永恆不滅的層次中。

母親的話語，以及不安

孩子在成長過程中，透過與母親的實際接觸，能逐漸穩定心中想像出的母親的黑暗面與恐懼面，此時扮演決定性角色的，正是母親的「話語」、母親的「語言」。孩子在成長初期，感官的快樂與恐懼正逐漸形成，並同時建構起潛意識，究其根本，都與母親話語的介入有關。**母親使用哪些話語回應孩子、表達自我，將會決定是否能平息孩子的不安，並且進入穩定的精神結構。**

母親可以利用話語和孩子保持適當的距離。適當的規範、挫折與界限，反而能使孩子感到安心。如果孩子過於貼近母親的情緒，且以母親前後不一的話語建構自我時，將會出現各種精神上的問題。反之，當母親以具體清晰的話語表達自身的需求和慾望時，孩子不僅能穩定地認識母親、接受母親，也能學會主動拒絕，嘗試與母親保持距離。一旦缺乏這個過程，孩子將喪失自我保護的力量。

話語能賦予人一種安定的力量。孩子在巨大的存在之前感受著不安，此時母親的說明、引導與規範等話語，能幫助孩子消除他們想像出來的恐懼。如果母親感到不耐煩，甚至無法按捺心中怒火而失控向孩子發怒，事後請務必做好善後工作。善後不是指重覆口頭道歉這樣的行為，而是說明自己為什麼生氣，並詢問孩子的感受，引導孩子主動說出自己的恐懼與害怕。如此一來，孩子情緒上也可以達到某種程度的安全感與穩定。

幾次與青少年朋友對談時，孩子們常說母親似乎對自己提出某些要求，可是自己真的不知道母親要的是什麼，因此深感不安、難過與煩悶。其實母親也不知道自己真正想要的是什麼。她們只是丟出一句模糊又不負責任的話：「我只希望你過得更好」、「都是為你好才那樣的」。

重新回到母親的肚子裡去吧？

「母親若無法控制好自己的焦慮，
最親近的子女將付出代價。」

長期進行精神分析的過程中，我得到一個非常有趣的經驗。在亞洲國家，許多女兒即使長大成人，婚前仍大多住在家裡。即使已經獨立生活，三十歲前的女兒也總是被母親牽著來到我的諮商室。母親會帶女兒來諮商室的原因非常多，例如，重度憂鬱、無法適應社會生活、人際關係不順、嚴重的情緒起伏等，原因五花八門。

當然，諮商費也都由母親支付，所以母親們總是期待聽到女兒心理狀況的報告。她們藉著協助諮商的理由，隨時連絡心理師，想了解孩子的狀況。看似理所當然，實則不然。她們有時會直接要求心理師將孩子引導至自己期待的方向；有時表面繞著圈子說話，卻又暗地裡要求事情往自己希望的方向發展。嚴格來說，**這也是一種經濟**

權力的展現，經濟大權掌握在母親手裡，所以任何事情都必須由她們發號施令。

在精神分析的過程中，隨著情感上的壓抑逐漸釋放，各種症狀也開始一一浮現。此時，被諮商者可能表現出過去不曾有過的反抗與情緒，讓家人感到十分錯愕。

甚至在母親與女兒一起來到諮商室的第一天，就可能發生如此不堪的情況。雖然我總會事先強調這只是一種過程，請耐心等待與堅持，不過，真正目睹狀況發生時，不少母親仍會感到不安而立刻打電話或闖進諮商室裡。她們雖然說願意接受事實，實際上卻仍未做好準備去面對自己不曾想像過的女兒陌生的模樣。身為女兒心理師的我，雖然無法直接處理母親的不安，卻仍必須將女兒身後母親的不安一起納入處理。

在經歷過這些較為普遍的現象之後，我發現了一個事實：**當女兒遭遇心理上或社交上的困難時，母親當然希望這些問題能獲得解決，但前提是必須在母親不會反感的範圍內**。換言之，母親只希望女兒改變到自己期待的方式和程度為止。但，這算是改變嗎？

站在女兒的立場，這不過是要求女兒改掉會讓母親反感的問題而已。若是真的徹底進行精神分析，幫助女兒活出自我，或者成功完成諮商，女兒終於找回自己的人生，並且向理想的人生大步邁進，想必許多母親會感到非常不安。其實這只是女兒在建立自我的過程中必經的階段，而不是拋下母親一走了之。然而，鮮少有母親願意接受這個事實。

是愛也好，是恨也罷，事實是女兒和母親在情感與情緒上的聯繫特別緊密。所以有不少母親最後試著從現實中尋找原因，提出看似合理的藉口，企圖結束女兒的心理分析，甚至直接中斷女兒的諮商。母親為了女兒尋求心理師的協助，卻又成為女兒諮商的最大阻礙，這個現象頗耐人尋味。如此看來，母親委託專業人士對女兒進行心理治療，大多不是為了女兒的改變，真正目的其實是要解決母親本身的焦慮。

母親的不安為孩子所接收

許久前，我看了一部電影《美麗人生》（一九九七），大受感動。電影中描述一位被關在納粹集中營的父親，將集中營打造成遊樂園，努力不讓孩子感到恐懼的過程。這部電影令人心痛而落淚，卻也讓我不時因主角的幽默風趣而捧腹大笑。我依然記得在又哭又笑的同時，內心摻雜著感動與悲痛的情緒。在慘無人道的集中營中，孩子開心地玩著捉迷藏，絲毫不覺得害怕的模樣，令人印象深刻。

一位父親能夠將集中營打造成遊樂園，最重要的原因在於——他已完全接受自己被關入集中營的事實。如果連父母都無法接受自身的處境，那麼，即使他們再怎麼完美包裝集中營的環境、努力說服孩子，孩子也無法消除心中的不安。因此，父母不逃避自己身處的任何情況或狀態，積極接受現實的態度，才是最重要的。

佛洛依德的么女安娜·佛洛伊德（Anna Freud）也曾說過，在倫敦大轟炸（The Blitz）期間，母親如何向孩子說明狀況，將會決定孩子是否感到不安。據她在戰爭期間的觀察，倫敦大轟炸結束後，有些孩子因為恐懼而夜不成眠，卻也有些孩子順利克服戰爭的陰影，繼續開心地玩耍。

母親照顧孩子的態度相當重要。母親不安，孩子也會感到不安，甚至孩子們因不安而受到的衝擊比母親更加強烈。這也是母親必須了解自身不安的來源，並妥善控制不安情緒的原因。尤其母親以什麼樣的態度接受不安、面對不安，將會成為決定孩子精神狀態穩定與否的重要標準。但千萬別誤會，這並不是要大家逃避現實，為孩子創造過度美好的幻想，**而是希望母親先正視目前發生的情況與現實之後，再無所畏懼、堅定不移地牽起孩子的手。**

所謂「拋棄女兒的母親」

人們所感受到的不安，大多是想像出來的，而非真實的不安。假設有位母親擔心孩子上下學途中會發生意外，整天坐立難安，那麼，首要任務當然是先確認孩子通學的路線是否安全。如果實際上非常安全，而這位母親依然被深深的不安所籠罩，那麼，就得懷疑這位母親在育兒的過程中，是否曾因為過度勞累而出現拋棄孩子的念頭；或者是否曾將被壓抑的攻擊性，轉而發洩在其他意想不到的地方。同樣地，擔心父母有三長兩短而感到焦慮的子女，首先應考量父母的實際年齡與現階段的健康狀態等因素，如果父母的身體狀況還在該年齡層可接受的範圍內，自己卻仍然感到焦慮，就必須懷疑是否有其他問題。

想像中的不安，其實大多源自於兒時經歷過的感受。對於幼兒階段的孩子而言，最重要的人生課題是：「我是不是媽媽最珍惜的人」。當前最重要的對象——母親是否珍惜我，或者是不是想拋棄我、傷害我，這些都是孩子與生俱來的課題，也是心中不斷出現的問題。

在達里安．李德爾的著作《我們為什麼難過？》（《Why Do People Get Ill?: Exploring the Mind-body Connection》）中，可以讀到心理學家喬伊斯．麥克杜格爾（Joyce McDougall）曾對母子關係提出一個有趣的解釋。我們經常看到病榻上的人喪失與病魔對抗的意志力，最終放棄生命，對此，喬伊斯．麥克杜格爾解釋為：「病患放棄與入侵自己身體，進而控制自己、殘害自己的潛意識形象對抗。」他說，這是因為病患「將潛意識形象與母親畫上等號」，又說：「孩子們遭遇威脅時，會本能地試圖抵抗或報復。但是選擇放棄的人，就像臣服於母親一樣，遁入母親的世界中。他們已經對母親感到厭倦，無法再愛母親或抵抗母親，只能隱藏在母親的身後。」

當母親無論在現實生活中或心理上都已經疲憊不堪，因而不斷向外宣洩自己的情緒時，盛接這攤情感汙水並堆積在心裡的人，自然是孩子。尤其女兒更是如此。

身為名校女大生的貞秀，時常將這句話掛在嘴上：「我真想重新回到媽媽的肚子裡。」被無力感與憂鬱折磨的她，選擇躲入各種情感匯集的海洋裡（其中有對母親干涉自己人生的怨恨，也有生命的痛苦），甚至放棄逃出或離開，一副退縮不前的態度。但是貞秀的母親從來不曾留意，自己過去未能解決的各種情緒已轉嫁到女兒的身上，她以為自己只是和女兒相互扶持，勉強度過年輕時那段艱困的歲月，直到她告訴女兒：「現在我們過得還算不錯，妳也去過自己的人生吧。」才發現女兒無意跳脫自己的保護傘後，不禁感到些許不安。

矛盾的是，當女兒經過自我心理分析後，稍稍逃離了母親的情感海洋，開始抵抗母親、保護自己時，母親內心又再次浮現束縛女兒的慾望。之前只待在家的女兒，現在好不容易找到了工作，正準備踏進外面的世界時，過去責備女兒整天遊手好閒的母親，卻又悄悄改變了自己的說法。「沒賺很多錢也沒關係，別太辛苦了。」這句話表面看似為女兒著想，其實真正的意圖是希望女兒維持現狀就好。

承認現實，就能得到治療

寫到這裡，我不禁責怪自己是否將母親描寫得太軟弱了，所以我也想替母親們說些公道話，其實這些案例，都是我們內心深處沒有意識到的焦慮感在作祟。並非所有母親都將女兒當作情緒垃圾桶，或是以自己的枷鎖束縛女兒。但身為母親的我們，如果不能徹底認識自己的情緒，或者無法好好控制，那麼，與我們最親近的子女，將為此付出代價。

某位精神分析學家曾說：「如果真心為接受治療的人著想，就應該選擇事實，而不是粉飾太平。」儘管揭露事實可能帶來威脅與痛苦，不過當事實攤開在陽光下之後，許多時候反倒沒什麼大不了。即便我們帶著巨大的恐懼面對事實，也不免承受天崩地裂的痛苦；然而，越是正視事實、面對事實，無論水面上如何擾動，水面下的流動反倒越趨於平穩，終將能使水面上的蕩漾平靜下來。

母親以什麼樣的態度接受不安、面對不安，
將會成爲決定孩子精神狀態穩定與否的重要標準。

母親抱蛋的慾望

「不願讓女兒走向外面世界的母親，
在她們的不安與擔憂之下，
存在著不願放下抱蛋快感的慾望。」

我親餵女兒母乳的時間，足足長達兩年。孩子兩歲後，雖然身體已經大到可以四處跑跳，但仍繼續吃奶。也許是因為讓孩子盡情吃奶到懂事為止，孩子斷奶時並沒有遇到太大的困難。

那時大概花了一週的時間，每到晚餐時間，我就會抱起女兒，告訴她媽媽現在沒辦法餵奶，以後妳不能再吃奶了。而懂事的孩子從某一瞬間起，也自然而然地放棄吃奶。

母親經常告訴我，她在生下我之後缺少奶水，非常難過。幼時的我每到固定時間總吵著要吃奶，就像時鐘一樣準時。我心想，會不會是我生來就對母親的狀態特別敏銳？不過也可能相反，是我占有母親的慾望和渴望較為強烈。究竟是母親的慾望較為強烈，還是母親與我的聯繫較為強烈，如今已無從得知。

孩子與母親的愛，始於這種強烈的聯繫與融合。照理來說，孩子必須從這種母子交融的狀態中破殼而出，但許多女兒仍停留在這個狀態中。之所以停留在此，當然是因為母親不願意放下自己懷中的蛋。她們有時訴諸情感，藉此逃避放手，不過，更大的原因在於母親無法放棄母子交融時生理上感受到的快樂。

母親的懷抱令人快樂

我特別執著親餵母乳這件事，是因為對母乳有所匱乏嗎？儘管學習了心理學，也做好為人母親的準備，足以說服自己平常心看待，不過直到學習了精神分析，我才看清在母子交融中，身為母親的我所體會到的充實感與滿足感是什麼。

如果用更有情感的方式來形容，我會說那或許不是母性，而是試圖解決自身匱乏的一種補償。母親說過我的體質和她差不多，想當然「奶水也會不夠」，不過也許是我對於母乳有著強烈的執著，我成功親餵母乳長達兩年，而不受任何體質的影響，從未間斷。

當然，非親餵母乳不可的慾望，無論對孩子或對母親，都有極大的幫助。這個好處不是單指生物學上母乳的優點，而是多虧了這個慾望，在孩子三歲以前，一直和孩子維繫著親密的關係。在那段時間，女兒充分飲於母親、用於母親，也享受著母親。親餵母乳的母親一整天都得消耗身體，身體被破壞的程度非比尋常。而餵配方奶粉的母親同樣也不輕鬆，除了得沖泡奶粉再餵孩子喝，還得照顧孩子吐奶、清潔用品，身體上的疲憊並不輸親餵母乳。

我在親餵母乳的過程中，有一次的身體感受特別深刻。通常孩子晚上睡到一半，隨時會醒來找奶喝。那天我們母女倆原本在黑暗中各自熟睡著，孩子忽然開始窸窸窣窣，我也順勢將手往上舉，方便孩子找到，於是孩子就這麼湊上來吸起母奶。

就在那一刻，我體驗到某種與孩子合而為一的奇妙快感與滿足。這是孩子和我跟隨本能、感官行動的經驗，它帶給孩子的是對母乳的飽足感，帶給身為母親的我則是充實和滿足。那是一種無法將身體與精神分開形容的快感。

後來我才明白，在這個滿足之中，存在著對完全融為一體的慾望，而這個快感也是嬰兒期的孩子與母親應該充分享受的。當時的感受如此強烈，至今我的身體仍清晰記得。對孩子而言，與母親的身體、乳房緊密相連的瞬間，就是遊樂場。在那座樂園中，不是只有孩子才能享受，母親也懷抱著孩子一起暢遊其中。然而問題就在於，**面對已經長大成人的子女，許多母親仍不願放棄將子女抱在懷中的快樂**。

「啐啄同時」的心理學

在雛雞破殼而出之前，母雞必須長時間孵蛋。時機一到，雛雞開始啄破蛋殼，而母雞也同時從外面輕啄蛋殼，方便雛雞出來，這個行為稱為「啐啄同時」。當蛋殼出現裂縫後，接著就只等雛雞破殼而出了。母雞無法將雛雞直接叼出來，只能袖手旁觀，等待蛋內掙扎的雛雞自己出來。如果貿然叼出雛雞，不但容易讓雛雞受傷，雛雞也無法自己學會使用肌肉的方法。

而母雞必須面對的第二個課題，是眼睜睜看著雛雞自己破殼而出卻不能出手相助。第一個課題只是長時間孵化的辛苦，而現在起，母雞必須放棄曾經與雛鳥一起享受的滿足。換言之，第二個課題正是接受失去。

當母親潛意識不願放棄身體所記憶的滿足與快感時，便可能在情感上拒絕放開孩子。這是不願接受丟失母性最常見的態度，甚至也有一輩子將蛋緊緊抱在懷中的母親。**隨著孩子逐漸長大，孩子總得接受自己必須離開母親乳房的事實，而母親也必須放下懷中的孩子。然而，在心理上堅持不讓孩子進入社會的母親，竟出乎意料地多。**

這些母親試圖抓住心理上的緊密聯繫與融合，不願讓女兒走向外面的世界，在她們的不安與擔憂之下，存在著母親想繼續享受抱蛋快感的慾望。因此，在心理上無法擺脫與母親緊密的聯繫，而實際上仍圍繞在母親身旁的女兒們，最終也難以從母親的「要求」中脫身。

這些主動放棄使用肌肉的子女，在長大成人後，即使與另一半結為連理，也依然想回到父親或母親的懷中，而不是與另一半建立穩固的夫妻關係。她們甚至美其名為「親情」，用這個正當理由作為防護。

母親必須是子女隨時能停泊的避風港，這個避風港並非是與母親的實質關係。**每個孩子的心中，應該都有一處「母親的懷抱」。想要讓母親的懷抱化為心中的依戀，雙方都得經歷母雞啄破雞蛋時所感受到的失去**。當失去真實發生，而孩子也接受這個匱乏時，他們才能在心中建構出母親的象徵。此時，孩子心中母親的象徵，就是強而有力的心理肌肉，能推動孩子展開一段新的愛情，並且進入一段新的關係中。

如果母親不願接受這個失去，拒絕放棄慾望，孩子終將無法鍛鍊出心理肌肉。而心理肌肉不發達的孩子，無法穩健地走出自己的人生。

「孩子真的離開我也沒關係嗎？我準備好接受失去了嗎？」

該是母親誠實面對自己的時候了。而此刻的我們，會做出什麼樣的決定呢？

母親必須是子女隨時能停泊的避風港，

每個孩子的心中，應該都有一處「母親的懷抱」。

如果不想讓孩子，淪為情緒垃圾桶

「隨意對他人傾倒情緒垃圾的孩子，
很可能在家就被父母當成情緒垃圾桶。」

大約兩個月前，女兒開始上美術補習班。國小六年級以前從未補習的女兒，顯得相當緊張，再加上報名的是專業課程，氣氛不像才藝班那樣輕鬆。我只能從旁看著女兒因為無法立刻和其他小朋友打成一片，一副灰心喪氣的樣子。我的女兒個性較內向，很難主動靠近別人。我能理解女兒的苦楚，於是採取充分傾聽她心聲的態度，並鼓勵她既然已經開始上課，就暫且先把這次課程上完吧。不料某天早晨，女兒忽然哭著跟我說不想再去補習班了。

我感覺事有蹊蹺，趕緊抓著孩子的手坐下，仔細聽完事情的原委。這才知道班上有一位女同學說話特別強勢，又有號召力，毫不掩飾地當眾排擠我女兒。有一次，所有人圍著靜物坐成一圈，因為其他小朋友都橫放著畫板畫圖，女兒也跟著做，沒想到其他小朋友就瞬間將畫板直立。甚至換座位時，那個女生還小聲罵著髒話，對其他同學使眼色。

得知孩子不是因為討厭美術，而是因為證據確鑿的霸凌才想放棄後，我向補習班要求確認事實，沒想到老師立刻就知道是誰，說那個孩子已經有過霸凌其他小朋友的前科。一開始強辯自己沒那麼做的小女生，最後才說出真話：「我只是把壓力發洩在其他同學身上而已。」

這樣毫無理由欺負我的孩子，還將我的孩子當成情緒垃圾桶，這樣的事讓我血壓瞬間上升，憤怒直衝腦門。平時在家從不對孩子大小聲而擔心傷害到孩子的心情，沒想到孩子在外竟成了別人的情緒垃圾桶，一想到這裡，我恨不得衝到補習班揪住那孩子的衣領。

後來補習班要求那孩子道歉，並且採取強力措施，如果再犯，就必須離開，才讓這件事告一個段落。然而在女兒之前，她已經一而再，再而三地欺負其他孩子了。女兒這次也學到了經驗，在受到不當對待後，應該將自己的委屈告訴大人，好讓大人採取行動。

將負面情緒發洩在他人身上的孩子

孩子之間的情感爭執或朋友之間的衝突，大人盡可能不要介入，只要陪著孩子一起度過就好，這是我一貫的原則。因為這終究是孩子必須自己克服、堅持的問題，學會生存也是孩子必須面對的課題。

但是父母必須盡快分辨出，究竟是孩子們之間出現的單純情感問題，還是明目張膽的情緒暴力。遭受委屈和不當的對待時，女孩們容易陷入自己是不是被別人討厭的情緒中，而變得怯懦、退縮；也會懷疑就算告訴父母，父母是否真的會為了保護自己而出面。

甚至擔心父母如果出面，會不會造成更大的爭執或衝突。所以她們經常選擇獨自承受或退讓。

如此一來，她們可能會習慣別人對自己的不當對待或輕率態度。而在這個習慣中，孩子們將再也無法對大人或其他人產生信任，我們稱之為：「想像中的不安」。想像中的不安不等於現實的不安。不只是孩子，許多大人身上也存在著自己的想像，並在其中忍耐、解決與思考問題。

女兒說她也在心中這麼想過。因為自己最晚上補習班，美術能力不如其他人，「所以就算告訴老師，老師也只會口頭警告，不會有太大反應。老師不會換掉那個女生，只是平白增加自己的痛苦而已。」據說她就這麼一個人在心裡想像著，也沒有告訴媽媽實情，獨自默默隱忍了好幾個星期。

利用我女兒剛到陌生環境，處於弱勢地位的困境，而隨意傾倒自己情緒垃圾的孩子，很可能在家庭中就是父親或母親的情緒垃圾桶。孩子渴望父母、仰望父母，所以當父母對自己發洩負面情緒或做出不當行為時，他們便本能地選擇忽視自己內心浮現的敵視感。這在大人身上也是一樣的，他們也想逃避親人或重要的人對自己造成的負面情緒或敵視感，並且將這股無處宣洩的情緒轉而發洩在挑選的對象身上。

無論是什麼樣的情緒，**只要肯認同父母的情緒會影響孩子，就能透過孩子的反應和狀態，看見連自己都沒有意識到的潛意識意圖，也能更加敏銳地察覺孩子的狀態或反應。**但是，心中充滿對丈夫的不滿與痛苦的母親，卻是無法迅速意識到自己的情緒已對孩子造成了壓力。照理來說，在認同父母的情緒會影響到孩子，也看清到自己的狀態後，接著就是著手解決與丈夫之間的問題。但是，這些母親往往認為這麼做只會讓自己更累、更難過，絲毫沒有解決問題的念頭。

於是她們轉而對孩子發洩情緒，將原因歸咎於孩子的錯誤或問題行為，以此合理化自己的行為，並尋求孩子的諒解。將夫妻問題或個人問題的代償，全數轉嫁到孩子身上，可說是解決自己內在毒性最快速、也最便利的方法。雖然類似的提醒一再強調，不過我還是要說，如果父母親沒有正視自己的情感，並嘗試理解與探索自己的內心，再怎麼好的建議，或者按照專家的課程和方法執行，事情也不會有多大的改變。

傾聽孩子的心聲

或許有人會問，就算我再怎麼寶貝孩子，如果像這樣在外面遭到他人的情緒暴力，難道沒有好的對策嗎？在現今這個社會，不是只照顧好孩子，所有問題就能迎刃而解。莫名其妙的霸凌不論何時、何地都可能發生，以什麼樣的形式發生也無法掌握，如果沒有「用心傾聽」孩子說話，勢必將更難察覺。其中要特別注意的是，如果父母一開始就對孩子抱有刻板印象或偏見，帶著自己固有的思維和經驗去傾聽，更無助於接收孩子的話語或信號。

對父母而言，釐清事情的來龍去脈，決定是否要介入等，都是非常困難的課題。經常有些母親將自己與孩子視為一體，只要孩子稍有不滿，母親就立刻跑去學校告狀。然而，究竟是孩子自己的問題，還是別的孩子不當欺負，了解事實真相的這個責任在父母身上，而非孩子。**如果父母沒有適時介入，或者在不該介入的時候介入，都可能讓孩子失去對父母的信賴，甚至無法相信自己。**

事後，我告訴女兒幾點該注意的事項。例如，雖然那個孩子道歉了，但是性格不會輕易改變。若遭受不當欺負時，一定要立刻告訴較親近的大人或父母；父母或老師的幫助有限，最終還是要自己懂得保護自己。我們也一起討論了可以怎麼做，才能避免和那個孩子一樣的態度，又能不讓別人隨便對待自己。孩子必須學著接受這樣的事實：在任何情況下，爸爸媽媽都會保護你，但是有時候你也要懂得保護自己。

這個過程就像和孩子一起爬過一座又一座的山，看著滿臉疲憊的孩子，身為父母的我同樣感到不捨。父母固然希望孩子在成長過程中不受到任何傷害，但傷害是無可避免的。比起傷害，最重要的是在傷害中了解自己是否能繼續信任他人，並且藉此培養能克服傷害、經得起傷害的堅強情感。所以我們必須充分聆聽孩子的話語，付出孩子真正需要的關心，而不是身為母親的我們自以為的關心。

女兒在那次事件後，態度變得堅定許多，與過去截然不同。她是這樣告訴我的：

「媽媽，我不知道為什麼以前這麼在意別人。現在回想起來，其實也沒什麼了不起。真的好神奇！」

正視母親的內心

隨著時代的改變，社會也日新月異。資訊不斷湧現，已經難以細數究竟有多少專業知識和實用資訊堆積在我們眼前。即便如此，仍有許多父母甚至連什麼是衡量自我狀態、什麼是深入剖析自我，都沒有任何概念，而只是單憑育兒書籍教養子女。

許多人並未具體了解自己總在什麼時候特別覺得疲累，什麼時候真心感到富足。在這種狀態下，如果專家的建議沒有達到預期的效果，便容易感到慌張、不知該如何是好。如果父母連自己的狀態都掌握不了，自然也容易忽略孩子話語背後的需求，而自身需求被父母忽視的孩子，將無法深入理解自己究竟需要什麼，最終陷入惡性循環。一旦無法認清自己的狀態，就需要抱持懷疑，不斷地反問自己：

「這是什麼情緒呢？我為什麼會這麼生氣？為什麼我對孩子說的話、做的事，會和我的初衷完全相反呢？」

大家必須不斷地捫心自問，並且試著停下腳步，檢視自己是否將原本該反問自己的問題，丟給了孩子或另一半，並且要求他們為你找出問題的答案或解決問題。

如果父母一開始就對孩子抱有刻板印象或偏見，帶著固有的思維和經驗去傾聽，更無助於接收孩子的話語或信號。

Chapter 2

我真的是
孩子的母親嗎？

——關於母親的目光

母親只要過好自己的人生就行

「對母親而言，為家人犧牲並不重要，
最重要的是
有多真心投入自己的人生。」

某天，一位女高中生來到我的諮商室，說自己好像無法再這麼下去了，一定要接受諮商。她說她對事物充滿熱情，想努力做好每一件事，卻總是辦不到，覺得這樣的自己好累。心情煩悶又感到不安，無法再忍受這樣的生活了。感覺眼前好像有一條怎麼也跨越不了的線，可是她卻連那條線是什麼都不知道，想要努力追求卓越的表現，但總是不盡如人意。直到現在，我仍記得她那不知該如何是好、痛苦掙扎的模樣。

女學生之所以如此痛苦，原因在於母親的態度。明明家裡沒有給她什麼壓力，也沒有逼迫她做任何事，大多讓她自由發揮，為什麼她會感到鬱悶，幾乎喘不過氣呢？女學生的母親有著這樣的特質：**看似開誠布公地表現一切，實則多是含**

糊其詞。所謂的含糊其詞，就是不願明確表達自己的需求與慾望。女學生從母親身上感受不到一絲真誠，原因在於母親說話的方式。例如，「妳真的想做那件事嗎？要是妳那麼做就好了。」、「妳想要的話就去做吧！可是妳真的想清楚了嗎？」據說，某天孩子這麼問母親：

「所以媽媽妳到底對我有什麼期待？說清楚！」

「我只是希望妳過得更好，就這樣。」

還有比這更模糊的表達方式嗎？「希望孩子過得好」這句話的意思非常籠統。是「希望你考上某間大學」，還是「只要跟別人一樣就好」？究竟該怎麼做，又該到達什麼樣的程度，讓孩子完全沒有頭緒。這不過是其中一個小小的例子。在現實生活中，她的母親大多以這樣模糊不清的方式令孩子困惑不已。靜靜聽完女學生的故事後，我反問她。

「您母親知道自己要的是什麼嗎？」

孩子陷入一陣沉默：「嗯，我覺得媽媽自己也不知道……。」

女兒盲目追逐著母親自己也不知道的慾望，當然會覺得鬱悶、喘不過氣。一切是那麼的虛無縹緲。明明自己正在為什麼而努力著，卻又不知道目標為何，還必須不得不繼續，女學生就如此活在母親這般模糊的要求之下。

並非母親一定要明確告訴女兒自己的慾望和標準，而是母親連自己想追求什麼都不清楚，卻不斷要求女兒，這才是最大的問題。母親的慾望必須自己追求才行，然而母親並不清楚自己渴望的是什麼，卻要求女兒為自己實現，這麼做可能會造成孩子心理上的傷害。

孩子的慾望，父母的慾望

接著，我們來看看相反的案例。一名學生在聲望極高的老師底下求學，某天決定離開。而這位老師在該領域是頗有分量的學者，也是極度自戀型的人。拜師學習的期間，這位學生深受一個問題困擾：「我現在所說的話，真的是我想要說的嗎？」因為他發現自己每次站在老師面前，總是下意識尋找老師可能想要的答案，卻無法自由說出自己心中單純浮現的想法與疑問。

他甚至曾經走到老師面前，告訴老師：「我的力量有限。如果由老師來做的話，結果肯定不一樣。」這句話滿足了老師潛意識的慾望，滿足了老師「我就是這樣與眾不同」的自戀，但他便立刻驚覺說出這句話的自己是如此陌生，一時語塞，趕緊閉上嘴。卻也引發了他日後總是刻意迴避老師的心理。

在這個案例中，雖然學生在自我意識中表現出順從老師的行為，但在潛意識裡，卻沒有合適的出口可以宣洩對不合理的抵抗，於是轉而以心理上的症狀表現出來。老師沉溺於「只有自己與眾不同」的慾望中，而這位學生則讓自己去扮演迎合慾望的角色，最後落得全盤否定自我。

從小透過順從父母慾望來追求個人慾望的我們，最終也將自己變成了順應他人（例如，嚮往的人、喜歡的人、權威者）慾望的人。於此同時，我們也經歷了無以名狀的內在衝突與挫折感、混亂、疏離，承受著心理上的痛苦。正因為我們追求的不是自己真正的慾望，所以不免遭遇痛苦與混亂。嬰幼兒時期，想成為母親的唯一時，便會出現這樣的現象。人類本是追求他人慾望的存在，在家庭中掌握權力、腦筋又動得快的人，自然知道如何利用嚮往自己的子女或兄弟姊妹。

正如拉岡所說：「人的慾望是他者的慾望」無論如何，為了追求、實現自己的慾望，我們必須釐清心中自己與他人的慾望，以更健康的方式將兩者區分開來。

母親的態度，決定孩子的一生

對母親而言，為家人犧牲奉獻之外，最重要的是有多麼真心渴望投入自己的人生。如果母親不能真正認識自己的生命，追悼並接受過去，進而實現自我，那麼，孩子也將難以抱持熱忱去追尋自己真正的慾望，永遠被困在既定的生命裡，甚至在追尋或跟隨他人生命的過程中迷失方向。因為這些孩子企盼的是母親目光所及的慾望，進而渴望成為母親追求的目標。

身為母親的我們，不必再向外尋找原因、怪罪他人，這些都毫無意義。將子女當成實現自己慾望的對象更是危險。母親必須全心投入自己的生命中，對自己的生命抱以期盼。不過，這並非是要母親們學習自我開發，培養一技之長；而是要母親們先思考自己追求的生命方向，對「自己」是什麼樣的人抱持好奇，並且不斷學習。

任何一種學習都無妨，只要鎖定目標，持之以恆、不厭其煩地堅持下去，最終一定會在某個時刻有所成就。如此一來，我們將可發掘、創造出一條專屬於自己的道路，而不只是旁人或專家所給予的建議。猶如環環相扣的鐵繩一樣，我所追尋的道路，又將為我開啟另一條新的道路。**母親不必給孩子答案，只要好好經營自己的人生，日後孩子們必將體會母親對待生命的態度。**

我們必須
認真凝視孩子的原因

「他人的目光，
正是從他人眼中看見自己的目光。」

許多專家說：「請跳脫他人的目光。」難道是有人不想跳脫，才繼續這樣活著的嗎？而且究竟是要人們跳脫什麼，又怎麼跳脫呢？真讓人感到疑惑。就算我們再怎麼努力不去在意他人，即使短期內會有效果，但最終仍會發現自己回到原點，汲汲營營於他人的目光。

其實，他人的目光，即我們從他人眼中看見自己的模樣。嚴格來說，就是自己的目光投射在他人身上。我們無法知道別人如何看待自己，反而是從自己的角度出發——「擔心被那樣看待」的成分更大。在他人的眼中，反映著我們個人的標準、判斷、價值、偏見與刻板印象。

假設，有人正獨自在餐廳吃飯，一邊在意著

周遭的目光。讓我們先想想自己對獨自吃飯的人有什麼樣的看法，是看起來可憐，感覺沒有朋友？還是旁人似乎也在對他指指點點？這些想法所反映的，都是我們內在的思維。更準確地說，困住我們的其實是自己的思維，而不是他人的目光。

當然，社會或文化上潛在的刻板印象、價值與偏見確實存在，然而，只有極少數人不受這些潛在因素影響，也是不爭的事實。若搬出「這個世界就是這樣，其他人也都如此，所以我也沒辦法」的說法來敷衍，確實是非常方便的藉口，因為如此一來，就不必深入檢視自己的內在，只要從外在尋找原因即可。不過，我們仍有必要對自己的目光抱持懷疑，儘管這個作法會令我們感到些許不安。

母親的目光是面鏡子

我們的目光是如何形成、建構的呢？人類的目光並非與生俱來。根據拉岡的鏡像階段（the mirror stage）理論，六到十八個月的嬰幼兒開始認知到鏡子中映照出的自己，並因此歡呼雀躍。

這個反應代表了孩子最初與鏡子這個媒介，也就是「與他者的溝通」。這個鏡子也可以是母親的眼神，亦即主要養育者的目光。孩子必須透過母親的目光，才能檢視自我。孩子的自我並非一開始就形成，他們的目光也是透過反映外在的目光而建構。當母親與孩子一起看著鏡子，以肢體動作或表情等方式指出孩子、認同孩子的存在，孩子就能產生安定感與信賴感。

精神分析學家唐諾．溫尼考特也提出過類似的主張：「目光專注在孩子身上，與孩子建立緊密聯繫的母親，表情如實反映著對孩子的情感與狀態，因此，孩子能透過母親的表情認識自己。」換言之，母親的目光就是一面鏡子。當母親完全沉浸在自己的世界時，或是心不在焉的望著孩子，孩子無異於被母親冷落。此時，孩子將會從根本上否定自己，並因為他人不斷改變的目光而使自己的態度搖擺不定。

如果孩子無法從母親的眼中看見原本的自己，他們將會受到疏離感與對自身存在的不安所包圍。這樣的孩子，對外界的目光或評價會過度敏感，無法接受負面評價或回應，也會對此感到恐懼。究其原因，在於他們缺乏穩定映照出自己的目光。

有時我在諮商時過於投入，被諮商者總會告訴我說，從我臉上的表情可以看出自己目前的狀態如何。儘管她們也不清楚自己，卻能從身為心理師的我，臉上的表情變化看出自己的狀況。為什麼她們明明在談論著自己的情感與狀態，卻無法立刻感知或察覺呢？

在我之前合著的《小學生自尊心的力量》一書中，曾提到國小女生被母親發現散布個人裸照的案例。這些小女生因沉迷於網路聊天室，私下發出個人裸照的情況竟出乎意料的多。事件曝光後，有兩位母親的反應完全相反。其中一位痛罵孩子，彷彿世界天崩地裂；而另一位則是先報案，請警察調查是否有成人介入其中，並趁此機會重新檢討夫妻關係。

第二位母親的女兒在行為曝光後，哭著說出的第一句話是：「我好怕爸媽會怎麼看我。」她在父母眼中一直是討人喜愛的女兒，如今只擔心「爸媽會不會覺得我很噁心？」、「會不會討厭我？」、「會不會從此不再愛我？」比起行為本身，她更擔心這個行為會讓別人如何議論自己，人們會因為這個評論接受自己，還是排斥自己？這些憂慮顯示了她內心最原始的不安。

經歷這次事件後，當孩子看見父母不計前嫌，依舊疼愛自己、關愛自己時，便可跳脫外界的目光，獲得安定感與信賴感。這位母親一方面態度堅定地告誡孩子什麼事情不該做，**另一方面仍誠心與孩子對話，更對於自己讓孩子感到孤單、沒能照顧好孩子的疏失表達歉意。**她告訴孩子，這件事的責任完全在媽媽身上。她先讓孩子知道，身為父母的自己願意為這次事件負起責任，同時告誡孩子，以她們目前的處境還沒有能力保護自己，並具體說明孩子未來必須注意的地方。

我認為這是一個非常聰明的處理方式。孩子即使在被責備的過程中，也感受不到任何批評。母親只是嚴正地告誡孩子這個行為的危險性，並未讓孩子的情感受到任何傷害。

自己即地獄

如果沒有大人適時的介入與保護，孩子容易受到人類最原始的快樂和衝動所支配，而想立刻滿足自己的情感與慾望。不只是孩子，大人也如此。有時我們沒有意識到那樣的狀態，不斷追逐著外界看待自己的目光，因而導致自己的生命變得悲哀、落入不幸。

為了跳脫他人的目光，我們必須先釐清自己的目光中是否混雜著某人的評價、價值與判斷。**不必透過其他人來面對自己，我們只需專注在自己身上**。當我們利用這樣的過程認識自己、看清自己，進而相信自己，自然會發現自己已不再受到他人目光所束縛。如果看不見這樣的自己，那麼，任何標榜有效的解決辦法和處方，都是毫無意義的。

薩特曾說過：「他人即地獄。」但我認為：「自己即地獄。」薩特所說的他人，其實也是「由我目光所投射出的他人」，可以放在相同的脈絡下理解。當我們的意識與潛意識受到各種現象左右時，便會以自己所認為的目光與思維框架來理解他人，甚至達到難以分辨他人與自己的程度，因而落入心理上的混亂。

所以，人們於內在打量著自己的目光，究竟是誰的目光？唯有將他人視為他人，將自己視為自己時，我們才能真正活出健康的人生。

「目光專注在孩子身上，與孩子建立緊密聯繫的母親，表情如實反映著對孩子的情感，因此，孩子能透過母親的表情認識自己。」

——唐諾·溫尼考特(Donald Winnicott)

盡力不讓自己過得比母親更幸福的女兒

「只要認清創傷的存在，我們就能接受所愛的人最真實的模樣。」

我曾與一位三十出頭的女性，進行長達一年左右的精神分析諮商。她在公司上班，表面上過著看似幸福美滿的生活，然而，內在的狀態卻相當黑暗，甚至形容自己就像身處於迷霧之中。她雖然喜歡獨自一人，但是獨處的時間一長，又感到恐懼；若為了擺脫恐懼而走進人群之中，卻又感到不自在，就這樣無限循環著。

其實我在與她對談的時候，不曾有過一分一秒覺得無聊。她總是一邊想著：「等一下該說什麼好呢？沒有什麼特別的想法，但也沒什麼好說的……」，一邊害羞地走進我的諮商室。然而，她在諮商室一開口，卻又都是讓人聽得津津有味的故事。身為心理師的我，覺得和她見面非常有趣，但本人卻是一副戰戰兢兢的樣子。那模樣就像是背負著某種壓迫感，勉強自己非得做出什麼成果不可，或是盡快將改變後的形象表現出來。

某天我告訴她：「**沒有任何改變也沒關係。因為誰也不知道改變會在何時發生，以什麼模樣出現，所以現在就算沒有任何改變，也沒關係。**無話可說的時候，保持沉默也很好。沒有任何想法又怎樣呢？像這樣面對面一起坐下來，不也很好嗎？就算妳覺得沒有任何改變，只要我們像這樣繼續見面，對我來說就是值得感謝的事了。」聽完這段話之後，她開始哭了起來。

她說不知道自己為什麼會哭，只覺得一句「沒關係」，像是把她心中某個東西拔了出來。其實她內心總有一股壓力，以為進了諮商室，就必須滿足心理師。她時常被某種強烈的內在要求束縛著，總是優先顧慮到對方，讓她無法好好回顧自己的狀態，直到說出的話再也無法滿足對方時，她才決定永遠保持沉默，並且將這個態度套用在所有的關係與社交生活上。

罪惡感的真面目

長久以來，她深受莫名的罪惡感折磨，將自己監禁在嚴厲的控制下。隨著對話的深入，她也逐漸聽見自己內在的聲音。她說自從懂事以來，就受到母親的話語和態度的影響。在身為女兒的她眼中看來，母親的人生過得相當悲慘，也是與父親無法溝通、孤獨生活至今的可憐的人。當她想要做某些事情，或是打算為生活帶來改變時，母親總是回答：「這樣就好，何必一直去做有的沒有的事情？妳就乖乖聽話，時候到了嫁人就好。」因為如此，她在心中暗暗埋下一道嚴格克制的界線，反正無論她說什麼，母親也只是一昧的要她放棄。

儘管母親立下許多莫名的禁止與規範，她依然找到不錯的工作，也交了男朋友。然而，這次她卻深受不知所以的罪惡感折磨，認為世上只剩下自己能與母親溝通，而這樣的自己卻似乎背叛了母親，沒有盡到孝順的本分。

在諮商持續數個月後，**她才意識到自己一直以來的罪惡感與孝道無關，而是對於自己過得比母親幸福而衍生的罪惡感。這樣的幸福是母親不被允許得到，也是母親從**

不敢奢望的美好狀態。隨著一點一滴認識自己的人生，也漸漸開始活出自己，但她內在的罪惡感反而越來越大。直到被罪惡感壓垮，覺得自己再也無法維持正常的人際關係後，她才來到諮商室。

母親「勸女兒放棄的行為」和「什麼事都別做的告誡」，大多出現在女兒不顧母親反對，大步走進自我生命的時候，以及女兒嘗試走出與母親不同的人生時。儘管她已經自立，也不常與母親見面，然而存在於她心中的母親聲音，仍然發揮著支配的力量，使她動彈不得。由於她無法分辨清楚心中母親的聲音，與自我逐漸浮現的聲音，因而陷入了嚴重的混淆與矛盾之中。

母親的聲音時常阻擋在面前，使她無法過著比母親更美好的生活，一旦跨越了那條界線，她總會受到罪惡感的折磨。哪怕自己只是做出一個小小的選擇，內心也會感到焦躁不安，似乎凡事都得先徵得母親的同意才行。儘管她已經知道母親會說出什麼話、表現出什麼樣的態度，仍對於自己擅作決定感到罪惡。她以為是自己沒能成為母親眼中乖巧的女兒，才會如此痛苦，並將所有過錯攬在自己身上，其實這是她對於自己竟過得比母親幸福所產生的罪惡感。甚至與母親通話都開始令她感到不安，進而逃避著。如果繼續發展下去，總有一天她會真的永遠離開母親。

認清情感，就算是獲得治療

當她發現母親沒有意識到是自己緊抓著女兒，導致女兒無法走出如母親般不幸的一生時，竟沒有對母親感到一絲憤怒，反倒覺得如釋重負。這是因為她過去對這一切一無所知，彷彿置身濃霧之中，只感到茫然與不安。如今隨著對母親的理解更加清晰，也明白自己總是迎合母親的狀態後，內心的不安才煙消雲散。

被一無所知的不安擊倒，最令人恐懼。她說：「母親對我而言是最重要、最珍貴的人，就算她不是一個好母親，只要我知道她過去是用什麼樣的態度對待我，我想我就可以接受那樣的她。」那是因為她終於學會了如何保護自己，也知道如何警惕與明辨是非。

最後，她成功擺脫了母親的束縛，甚至接受了軟弱的母親。她說，母親確實讓她感到怨恨、憤怒，不過，光是從過去施加於自己的壓力中釋放出來，她就已經獲得喘息的機會，並且抽離心中的罪惡感，每天的生活就像飛在雲端上一般的輕盈。

當我們遭受各種情感的折磨時，必然感到不安、痛苦。但是即便痛苦降臨，只要我們能同時在意識與潛意識的層次上理解這個痛苦，便能欣然接受這些情緒。只要認清情緒的存在，不必非得原諒對方，也能接受所愛的人最真實的模樣。所以，最重要的是察覺那些將我們牢牢綁住的聲音的真相，以及他者的真面目。

自我貶低的女性

有時會見到一些女性，明明擁有足夠的力量和資源，卻讓自己的生活陷入極其痛苦、貧困的狀態。雖然她們不明白為什麼自己的人生會過得如此孤單、痛苦，覺得難過又委屈，不過在仔細聽完她們的故事後就會發現，百般阻撓她們發揮自身力量的，其實是她們自己。換言之，痛苦並不是源於事情進展不順利而被迫於難堪的處境，而是她們企圖維持或重覆事情無法解決的狀態，才會如此疲憊不堪。乍聽之下似乎難以理解，不過無論如何，這些現象的背後存在著各種力量的作用。

正如前面所說，有些女兒為了不讓自己過得比母親更幸福，便在有意無意間貶低自己的成就或幸福；也有些女性為了不超越毫無謀生能力的丈夫，將自己的能力控制在丈夫的能力之下，選擇過著艱苦的生活。

尤其後者的行為，並不是為了助長丈夫的氣焰，而是潛意識的機制作祟，認為自己必須比丈夫更軟弱，必須處於弱者的位置，丈夫才能保護自己。**她們以為要讓自己成為被保護的對象，才能得到他人的愛**。當然，問題也可能在於某些女性的自尊心低落，不過在多數的情侶或婚姻關係中，這都是為了讓對方扮演主導角色，扛起責任與權力，進而使對方為自己負責、保護自己的手段。

所以，當這些女性提起自己的身世有多麼可憐，哭訴自己的辛酸與委屈時，我無法與她們一起哭泣，也沒辦法同理、支持她們的眼淚，而迎合她們說出「加油」的安慰。因為阻礙她們的，不是現實情況或另一半，而是她們自己。我所能提出的，只有「她們以自己的方式愛得轟轟烈烈」。

即使不貶低自己，不委屈求全，也可以獲得充分的愛。只要懂得愛自己，就能過著心滿意足的生活。遺憾的是，她們堅信唯有受到保護，才能感到幸福。這也是因為幸福女性的形象，多少受到父權傳統所限制。然而，那不過是少女的呻吟，少女幻想中的愛。我們必須相信，即使沒有得到他人或特定對象的保護，女性自己也能擁有令人羨慕的美滿生活。

任何情緒都沒有錯

「當孩子出現負面情緒時，
母親只要告訴孩子：
『原來你是這樣想的啊』。」

「這個想法真的太幼稚了。」、「像笨蛋一樣……。」、「我知道不能那麼做，但是……。」在我們日常使用的話語與隱藏在話語深處的心態中，其實存在著許多評價與判斷。這些評價與判斷從何而來？回想你至今是否有過無論做出什麼行為、說出什麼樣的話，都不會遭到批判，而能立刻被接受的經驗？

在人的一生中，首先要確保的是生命安全。不過，生命安全固然重要，心理安全也不容忽視。請試著回想，你是否有過心理安全的經驗？換言之，我想問的是，各位是否有過無論說什麼話、做什麼事，都不會被任意評論，並且能被不帶有任何成見的態度所接受的經驗？或者，是否你曾經以這樣的態度對待他人？

我在諮商室曾見過許多個案，他們在對話中不斷地評論自我，即使在心理師沒有介入的狀況下也是如此。我想問問大家，是否曾經放下家庭或社會施加的各種評價，單純進入一段安全的關係中呢？如果沒有，那麼，這個回答所代表的意義恐怕是相當沉重的。

在我們的父母、甚至連我們自己都沒有意識到的當下，有多少判斷與評價的話語決定了孩子的思維模式，或者即便成年後依然發揮著影響力？個性敏感的人，只要對方說話稍有一點批判自己的意思，就會立刻緊緊關上心房。**一旦習慣了這種思考模式，他們將會以「好與壞」、「對與錯」的二分法來區分這個世界，甚至不斷以此攻擊與批評自己。**

某位宗教領袖告誡人們，只要心中有邪惡的想法，就算犯罪。這會讓孩子們光是憑自己心中可怕的想像，便斷定自己是個思想扭曲的壞人。不過想法終歸是想法，感受終歸是感受。即使心中有任何想法和感受，也不代表自己一定會成為那樣的人。

想法與事實是完全不同的，我們必須先相信兩者截然不同。即便如此，光是心裡出現負面的想法，就足以讓人喘不過氣，進而引發各種身體上的、心理上的症狀。此外，「一不小心犯錯就可能被拋棄」、「表現不好就可能不再被關愛」的恐懼，將使孩子變成權力慾望強烈的人，卻也讓自己在這個權力結構中更加痛苦。

別隨意評論孩子的情緒

幾年前，有一位國小高年級女生因為寫詩而聲名大噪。我也對那位女學生的文筆讚嘆不已，她的想像力引人入勝，讓人讀得津津有味。雖然詩中細節已經記不清楚，不過當中有些天馬行空的想像讓我印象深刻，像是把媽媽抓來、磨碎吃掉等。發表後，許多媽媽們都氣急敗壞，批評這孩子怎麼可以有如此恐怖的想法，還說這孩子和媽媽之間一定有嚴重的衝突，孩子才會把它寫成詩，甚至說這個孩子肯定有嚴重的心理問題。

讀著那首詩，我倒認為這孩子以後一定會是個想像力特別豐富、特別突出的人。像她那樣能自由自在地運用文字表達內心無窮無盡的想像，甚至還能寫成詩，這樣的孩子絕對沒有問題，反倒是說不出內心的感受才有問題。能夠寫出這種詩的孩子，她的母親在閱讀的時候，想必會覺得非常有趣，而不是深受打擊吧？如果是我，應該會莞爾一笑，開心地對孩子說：「唉唷，妳這孩子真是的。」甚至期待她下次會用什麼樣的想法和想像帶給我驚喜。

「想像」必須是天馬行空，不該有任何道德或倫理的介入。試想，我們夜裡夢境的內容，即使夢中出現多麼駭人聽聞的情境，也沒有任何人會擔心當事人做壞事吧。有些母親慌張地跑到諮商室問我：「醫生，我的孩子這樣形容媽媽。這應該是很嚴重的問題吧？要是孩子去做壞事該怎麼辦？好可怕喔！」其實我很想說：「媽媽，是您更可怕吧。」不過最後我只是一笑置之。

任誰都想教養出只做好事、說好話，開朗又討人喜愛的孩子，我完全可以理解這樣的心情。但是，**母親不允許孩子有負面想法或任何惡意的態度，反倒可能在孩子心**

中埋下不該有的罪惡感和負罪感。行為需要父母管教，但是情緒和想法最好任憑孩子盡情發展。情緒沒有好壞對錯，情緒和想法都是相當主觀且直覺的，所以沒有必要帶入任何評論。

如果母親認為孩子出現錯誤的、負面的情緒或想法時，只要中性地告訴孩子：「原來你是這樣想的啊……。」一旦有任何價值判斷和評價介入孩子的想法，孩子將變得難以接受真實的自己。無法接受自己，也就意味著難以接受他人。甚至可以說，**無法以適當感受接納自我的人，幾乎不可能毫無偏見地看待他人或接納他人。**

開朗正向的態度，表現給誰看？

偶爾在網路或書店看見心理學相關的書籍，有不少書名讓人感到困惑，都是引導孩子變得更開朗、更正向的教養方法。坦白說，我個人對於這樣具有商業目的的教養方法不太認同。

當然，專家提出的專業方法背後自然有其考量，但是這種「我會告訴你簡單的解決辦法，所以你一定要來買」的態度，令人不敢恭維。甚至他們提出的專業建議和方法是否可行，也都有可能是個問題。開朗正向倒是不會讓孩子變壞，但是不開朗正向就有問題、就是不好的，這種想法終究只是人們的刻板印象而已。

根據心理學會流行的性格類型測驗（MBTI）研究資料，相較於西方人，東方人大多性格偏於內向。內向型人格占有壓倒性的比例，足足達到全體人口的七成，然而，現實生活中卻吹起教養外向型子女的教育熱潮。來到諮商室的女大生或年輕的女性上班族們，也有人表示之所以尋求諮商的原因，是希望改掉自己消極、內向的性格。她們非常討厭自己在其他人面前膽怯害羞，無法侃侃而談的樣子。

最終，我並沒有努力改變她們，而是先懷疑這是否真是她們所要的。過去她們並未深入了解自己的特質，也沒有學會善用個人特質的方法，只是貿然以外界普遍期待的形象來理解自己。她們也未曾經歷過消極、內向的自己，受到他人肯定，或得到他人關懷的經驗。

也有人喜歡自己性格消極，不敢站在人群面前，在茫茫人海中不受注目的模樣。所以，**性格陰沉又如何？只要那樣的我不會造成自己的不安與痛苦，就沒有問題。陰沉也好、消極也罷，只要不討厭那樣的自己就好。**

一旦有任何價值判斷和評價介入孩子的想法，孩子將變得難以接受眞實的自己。

Chapter 3

我也想成為
母親疼愛的女兒

——關於母親的匱乏

想逃跑的時候，不安卻緊接而來

「有時我們也會利用自己的傷口，
成為讓他人無法干涉自己人生的
防禦策略。」

女兒曾在國小三年級轉學，雖然當時只是小學生，但女學生之間早已出現明顯的關係衝突與心理對立。所以在轉入新學校後，並且還是中途加入的情況下，女兒表現出極度不安和焦慮的情緒。還記得轉學後的一個月內，孩子每天早晨總會嘔吐，丈夫與我為了和孩子一起度過這段艱難的時期，幾乎耗盡所有的精力。在這樣的關心之下，女兒與新朋友逐漸相處融洽，到畢業時，已經和班上所有同學打成一片了。

然而，在國小畢業準備升上國中的前夕，孩子再度感到焦慮，變得緊張、痛苦。我在一旁承受著她的不安，同時也引導她回想過去與新朋友相處融洽的經驗，藉此鼓勵她相信自己。不過似乎沒有太大的安撫效果，女兒並沒有因此而穩定情緒。此時，我的腦海中忽然閃過一個想法。

女兒所經歷的不安，是來自於實際經歷過的真實情緒，而對於新環境適應良好，也是從實際經驗中所得出的真實感受。那麼，孩子明明有過成功克服不安的經驗，為什麼反倒忘不了過去不安的感受呢？這個不安看似存在過，卻是未曾發生過的「想像的不安」。

一旦陷入想像的不安之中，孩子可能因此逃避進入國中前必須面臨的課題。例如，即將被賦予的「國中生」身分，以及明知必須開始認真學習，卻又提不起勁的狀況，在在都令他們想要逃跑，於是便利用不安的情緒當成逃避的機制。**「不安」儘管讓他們付出了恐懼與緊張的代價，卻也提供了能安全逃避的依靠。**父母忙著關心受到不安折磨的孩子，以及安撫他們的情緒，因此沒有餘力對孩子嘮叨，這也算是孩子手上握著的一張王牌。

操弄自身匱乏的人

不只是女兒，就連身為大人的我們也是，尤其在特別容易感到不安的人身上，也經常看見這個現象。其實不只是在我們長大成人的過程中，曾經歷了無數的創傷，若以整個生命的歷程來看，創傷也不會停止。在這些創傷中，一部分會留下難以抹滅的傷痕，即使事過境遷，人們仍不免深陷其中，而無法活出真正的自我。

創傷也好，傷痕也罷，都不應該被忽視或壓抑，必須以適當的方法予以追悼。但是，如果過度以單純因果關係來解讀創傷，那麼，創傷也可能淪為被操弄的工具，阻礙我們正視自我情緒。

例如，電視上有不少名人談到自己曾經歷過的創傷或挫折，如果這麼解釋創傷後的心理：「因為這樣，我才沒辦法做某件事。」、「因為這樣，所以那件事我辦不到。」這些話在某種程度上的確是事實，然而若進一步思考，也讓我們發覺到：他們是不是正利用心理創傷，當成自己不再往前邁進的藉口？總而言之，儘管受到創傷、痛苦與不幸的打擊，我們也必須檢討自己是否曾在某個時刻，利用這些創傷，成為讓他人無法干涉自己人生與深入挖掘自我的防禦策略。

治療記憶中創傷的方法

「只記得過去的幸福時刻，
和只記得過去的不幸，
兩者終歸是相同的。」

對於同一個事件，母親的記憶和我的記憶完全不同；面對相同的事情，我和孩子的記憶也大不相同。

小時候，母親曾將我託給外婆照顧。對五歲的我而言，一天就像永恆那樣漫長。然而，在母親的記憶中，不過是託外婆稍微照顧一下女兒而已。這樣的差異，可能是因為孩子和大人對於現實有著不同的感受所造成，不過，更大的原因在於兒時的經驗，通常容易與當時的情緒和狀態一起被刻劃在腦海裡。

一名年近四十的女性向我坦言，正因為自己小時候經歷過被母親冷落、被家人排斥，現在才會過得這般不幸。她只記得自己最落魄不堪的模樣，而日復一日抱怨這些過去影響了現在生活的她，也阻礙了自己的幸福。然而，某次在精神分析的過程中，她提起自己偶然回了一趟娘家，發現小時候的照片，著實被嚇了一跳。因為母親的相機鏡頭所捕捉到的，是自己開心又惹人憐愛的模樣。我想這張照片應該不是她第一次看見，只不過已經有一段時間沒有接觸了，才會有像是初次看到的感覺。

當然，這張照片無法告訴我們關於她還是小女孩時的一切。但是像她那樣只記住不幸和難受的回憶，肯定有其背後的原因。無論是忘記所有負面的記憶，將記憶曲解為只有幸福的時刻；還是只記住自己不幸的身影，兩者終歸是相同的。

電影《羅生門》（一九五〇年）中，我們看到人們對於同一件事，都有著不同的描述。而主角們的陳述，全都偏向對自己有利的方向，也更保護自己。人們的記憶是如此不可靠，並且記憶也會隨著時間的流逝與情緒結合，情緒又帶來了個人主觀的解釋，因此，即使是同一件事，也會像是完全不同的事件般，被刻在每個人的腦海中。

孩子們也會選擇記憶。換言之，他們記住本身的匱乏，對匱乏有著強烈的慾望，並且以選擇性的記憶來強化不滿與怨恨。有人透過不滿與怨恨強化後的力量，獲得生存下去的動力；也有人不斷重複著不幸。這是在潛意識間中建構出的幻想，而這些幻想又建構了我們的真實生活。

匱乏與匱乏感之間

精神分析學家茱莉亞．克莉斯蒂娃（Julia Kristeva）在臨床實驗上，得出多數人因為「愛的匱乏」而罹患心病的結論。

精神科醫師李東植，因鑽研精神分析，後來結合韓國傳統而創立了「道」治療所，他曾說：「心病是感受的障礙。」心中的痛苦與混亂，全都源自於感受，而我認為這個說法很值得深思。李東植也提到，這一切源於對母親的執著、愛恨，以及得不到母親關愛時所產生的敵視感。

實際上得不到關愛，與自以為沒有得到關愛，兩者有明確的差別。孩子無時無刻都在渴望、要求父母給予全然的愛與滿足，但是教養過孩子的父母就知道，再怎麼做，這些付出也經常付諸東流。反倒一些做得不好的地方、偶爾無法滿足孩子匱乏的時候，孩子卻記得一清二楚。

我們的記憶，多數是選擇性建構的。父母和子女對於同一件事的記憶之所以會相距甚遠，是因為我們終究會選擇對自己有利的一方，儘管那是痛苦的回憶。人們藉由掌控「匱乏感」，得以不斷提出渴望與慾望。甚至有人將自己定位為軟弱的人、有所匱乏的人，並貪得無厭地提出要求。

真實與幻想之間

在精神分析的過程中探查曾經發生的事件，就像挖掘古跡般，輕輕地刷開表層，讓事件的真相完整呈現。儘管這個過程相當有趣，有時卻也極其複雜，甚至可能出現令人訝異的事實。不過，光是拼湊事件原貌的行為，就有助於緩解情緒、放鬆心情。而在了解事件的來龍去脈後，便能放下心中的重擔。尋求事實固然重要，但並非了解事情的全貌，問題就能迎刃而解，畢竟事實總是脆弱的。

個案在諮商過程中說出的故事，是否真的是他所親身經歷的，其實並非最重要。也就是說，**比起深究個案在諮商中的陳述是否屬實，更重要的是釐清個案為何會如此記憶，而創造該記憶的幻想與慾望是什麼？**這些慾望的出口又在哪裡？因為這些答案，能告訴我們一個人的真實樣貌與他所追求的真理。如此一來，當事人才能重新接受這些挖掘出來的真相與真理，並重新建構自我。

語言學中，有所謂的「能指（signifier）」與「所指（Signified）」。如果「能指」是以話語說出「樹木」，那麼，「所指」則是樹木代表的「意義」。當某人說出（能指）「樹木」時，每個人對於樹木所代表的「意義」（所指）各有不同的想法。有些人想到的是作為書桌材料使用的木材，有些人想到的則是森林裡的松樹。除此之外，對某些人而言，「樹木」使他們聯想到巨木林，引領他們進入朦朧的風景之中；

而對另一些人而言，「樹木」使他們聯想到施暴時使用的木板，引領他們進入不忍目睹的場景。

記憶是由影響我們最深的父母或他人賦予的所指與意義，一點一滴累積而成。此外，**我們賦予自身的創傷何種意義，而對於這個意義又是如何想像和解釋，都將決定著我們面對創傷的態度**。

拉岡認為，以「能指」為核心，將外界賦予個人的意義轉變為新的意義，是非常重要的治療過程。這並非任意消除我們心中的創傷或痕跡的行為，而是重新建立它的意義與重要性，為至今在我們心中烙下傷痕的「能指」重新定義。這是潛意識與心理結構的重建，同時也是精神分析的過程。

人永遠有著無限的可能。努力讓那些束縛著我們「能指」，以及串連在「能指」背後眾多的意義浮出檯面，並一一掃除、分離。我們仍有機會跳脫原本熟知且深信的觀念與經驗，跨越習以為常的界線。

沒有「別人家媽媽」，只有「我的媽媽」

「孩子想像中的理想母親，並不存在；
母親必須相信能走出屬於自己的道路。」

「媽媽妳幹嘛啦？哪有人家媽媽那樣做的？」

這是女兒三、四年級時最常對我說的一句話。這個時候，我總會這樣回答：

「媽媽不是一定要那樣，妳要試著拋下偏見。我的媽媽就是這樣。」

從這句話裡，可以看出孩子們對母親存在著幻想。也許女兒想像中的母親，是個不會表現出個人情緒，性格溫和、仁慈，就像為遊子「臨行密密縫」的慈母一般！女兒這樣的幻想究竟是如何產生的呢？以榮格心理學的概念來看，可以將此當成是一種「集體潛意識」。就算不用潛意識來說明，也可想成是打從我們出生後，與主要養育者建立關係的那一刻起，就接受著社會性、文化性知識的制約。雖然子女直接透過主要養育者——父母的語言來認識世界，但父母的語言也並非源於自身的語言，而是來自社會化、奠定於世界上無數知識的語言。由此可見，即便沒有刻意學習某些知識，在人們的意識中早已塞滿了各種幻想與理想。

拉岡曾說：「社會、文化與思想所塑造的普遍知識，是大他者（the big Other）的語言。」這裡所謂的大他者，可以是固定不變的某種普遍知識與形象，也可以是所有人看似同意（實際上不一定如此）的常識與標準的普遍知識。

理想母親與實際母親的差距

看來我女兒感受到的母親與她想像中的不同，並非是那般溫柔仁慈。她也無法欣然接受自己想像的母親，和實際的母親有所差距的事實。於是這樣的差異與距離，使她產生了某種「匱乏」，而這個匱乏又對孩子造成了莫名的創傷。在女兒眼中，母親有時說話敷衍應付，有時又說話一針見血，擊潰了她的幻想。雖說慈愛地包容孩子的一切，才像母親該有的樣子，不過母親實際上也會有情緒化的反應，更有脆弱的一面。後來我女兒有一段時間不願放下毛絨絨的玩偶，試圖藉此滿足心中的匱乏。

大概到了國小六年級，她的態度逐漸出現改變。在低年級以前，孩子通常會以某個特定形象來看待母親，如果母親沒有符合該形象，就可能會感到不滿，並要求母親盡可能符合該形象；隨著進入高年級，孩子開始體認到母親的優缺點，並且能以言語描述。

「媽媽雖然說話一板一眼，但是我知道她很容易心軟，刀子嘴豆腐心。」
「媽媽雖然很嚴肅，但是會從頭到尾把我的話聽完，也會記在心裡。」
「我對媽媽有很多不滿的地方，不過我知道媽媽很擔心我。」
「雖然我有時候很討厭媽媽，但是愛媽媽的心永遠不變。」

這個指標顯示出原本在心中描繪的母親理想形象，並要求母親符合理想形象的孩子，開始認知到母親真實的一面，並試著接受。此時，女兒對玩偶的執著逐漸消失，對朋友的關心與日俱增。換言之，她已經開始接受匱乏了。

在這個過程中，孩子多數能具體明確地將有關母親的經驗內化。如果孩子無法將母親與自己的關係轉化為具體的經驗，將會永遠受到理想形象所箝制，擺脫不了現實與理想差距而造成的匱乏感。孩子想像中的理想母親，實際上並不存在。他們必須將自己親身經歷的母子關係具體內化，而不是期待著一個虛幻的理想母親。

因此，母親們不應該被「好母親」的形象困住。孩子的要求可以接受與認同，但母親也必須相信自己能走出一條屬於自己的道路。若非如此，將會因為沒有成為理想母親的罪惡感與自責，造成親子關係日漸惡化，或是被迫扮演犧牲的角色。

世上沒有所謂的好母親、壞母親

世界上沒有所謂的「好母親」，只要以最真實的自我和孩子建立各自獨立的特殊

關係，就已足夠。如果母親個性消極，那麼，孩子就得接受母親不願出頭、為人低調的形象，而身為母親的自己，也沒必要對自己消極的模樣感到不安。唯有如此，才能理直氣壯地告訴孩子：「我們家的媽媽就是這樣。」

這句話的意思不是：「我就是這種人，你想怎樣？」而是要讓孩子在實際的親子關係中，體認到母親的態度：「我不是妳想像中的媽媽，但是身為妳的媽媽，我全心全意地愛著妳，也因為妳是媽媽的女兒，理所當然得到媽媽全部的愛。」

相反地，母親也必須認同與接受女兒與生俱來的各種特質或優缺點。女兒既是與我們外表相像、理應加倍呵護的孩子；卻也是繼承我們身上討厭的缺點，令人擔憂的孩子。這兩種情況，都與母親本身脫離不了關係。之所以出現這樣的矛盾，原因在於母親沒有認清孩子是與自己不同的獨立個體。

當母親發現自己身上討厭的缺點出現在孩子身上時，往往會希望孩子盡快改過；然而，在孩子身上看不見自己某些優點時，卻又責備孩子怎麼連這都辦不到。當母親不夠認識自己、不夠愛自己，就會將這樣的態度投射在孩子身上。因此，母親必須充分理解自己，全然相信自己，才有辦法客觀地認識並接受孩子與生俱來的各種性向和特質。面對孩子需要調整的地方，必須多花點心思等待，因為唯有耐心等候，才能以非暴力的方式掌握到改善的時機。

如何成為「我的媽媽」

二十歲的我，準備離開修女院的當天凌晨，如今已是神父的一位神學生，看著不顧一起在教堂成長的情誼、執意離去的我，哽咽著說出這樣的話：

「又蘭啊，天主不是別人的天主，是我的天主。祂不是別人的神，是我的神。你要記住，一定要見到自己的主。」

母親也是一樣的。只要扮演好「我的媽媽」這個角色，而不必是「別人家的媽媽」。對外形象再怎麼好，為人再怎麼和氣，如果母親沒有將「我的媽媽」的形象植入自己記憶中，就沒有意義。沒有永遠惡毒的母親，也沒有永遠溫柔的母親。

害怕表現出不好的一面，而一昧追求美好形象，這種逃避的態度只會使內心的黑暗面日漸擴大。而黑暗的代價，將由子女承受。當然，也不必認為自己是壞母親而感到自暴自棄，將孩子拒之千里。衷心希望各位都不是只有一顆想成為好母親的心，卻忽視孩子真正需求，而最後活成日漸孤獨的母親。

總而言之，我們必須成為懂得思考與探索的母親。因為當母親能夠體認到自己的需求與慾望、匱乏與創傷，並且完成追悼時，將可看見過去未曾展現的熾熱母性。

細看自己，就能看見母親

「仔細觀察自己對待孩子的態度，
有時能看見某個人對待我的態度，
正原原本本地表現在孩子身上。」

某天，接到前輩打來的電話，十分焦急地對我說：

「我知道因為是老朋友，照理不應該請妳幫我，但是我現在能想到的只有妳了。因為太過慌亂，想跟妳說點什麼也好。」

原則上，我是不提供好友或有私交的人諮商的，但事發突然，當下無法斷然拒絕，或轉介給其他專家，所以我暫且讓前輩來我的諮商室，先聽聽她的故事。

前輩婚後生了大女兒和二兒子，夫妻間的關係還算和諧美滿。不過，只要一提到孩子的問題，尤其是女兒，夫妻倆必定大吵一架。那天也是因為大女兒的教育問題而爆發口角。

前輩的先生特別看重大女兒的學習，尤其是英語，總是隨時緊盯著女兒的學習狀況。然而原本一向乖巧聽話的她，某天的學習表現忽然退步。對於女兒突如其來的轉變，父親感到慌張不安，立刻詢問妻子是否該換一間補習班。前輩一聽到丈夫的話，內心不禁厭煩、滿腔怒火。前輩認為孩子的學習有時表現好，有時跟不上進度很正常，丈夫實在沒必要為此感到不安。而且丈夫已說過會負責女兒的學習到底，現在忽然拿女兒的事來煩自己，不免有了如此劇烈的反應。

這次的爭吵越演越烈，演變為雙方情感上的爭執，甚至走到提出離婚的地步。前輩無法理解為何這件事會嚴重到要離婚，好像所有問題都混在一起，最後只好趕緊與我聯繫。

仔細聽完整後，我問了幾個問題，而前輩在對話過程中，自己也發現了一些問題。包括原本行程都正在進行中，且前輩也花了許多時間在二兒子身上，現在卻又得為了大女兒補習班的問題而調整行程、找新的老師，這些都令她煩躁不已；還有，女兒最近忽然模仿起弟弟的英語發音，前輩看了覺得不快，心想「妳究竟想怎樣」；更重要的是，看到女兒跑向丈夫，裝出小嬰兒的模樣跟丈夫說話，尤其讓她感到厭惡與憤怒。所以前輩和父女倆劃清界線，表現出「隨便你們」的態度。而面對前輩的態度，丈夫竟莫名地大發脾氣，痛罵：「妳這樣還算是孩子的母親嗎？」各種無法被理解的委屈、混亂、不安和自責的情緒交錯著，逼得她不得不尋求幫助。

原生父母的態度與慾望在無形中傳承

前輩從小在沒有男丁的家中長大，她的母親經常吐露膝下無子的遺憾，而前輩身為長女，自然接收了母親的種種怨言。母親原本期待第二胎能生下兒子，豈料竟又是女兒，失望之餘，決定把前輩的妹妹當成兒子養。前輩說，母親喜歡幫妹妹剪男孩子般的短髮，而妹妹也在母親的教養下，逐漸成為了「男人婆」。在如此期待下成長的妹妹，想必也經歷過一些不為人知的艱苦。

前輩婚後第二胎生下兒子，她的母親高興得不得了，甚至願意為外孫犧牲一切，而前輩身為母親，也將兒子捧在掌心，像是終於為娘家一掃冤屈。經過長時間的對談，**前輩才發現自己正以母親對待自己的方式對待女兒，不禁哭了起來。她終於發現，是自己把女兒當成是和兒子親密接觸的阻礙，想要推開女兒、疏遠女兒。**這樣的心理衝突究竟是什麼原因造成的呢？

丈夫忽然小題大作拿女兒的教育問題出來談，之所以令前輩感到憤怒，也是因為這妨礙了她將所有心力放在兒子身上這件事。前輩如此執著、專注在與兒子的關係，並不只是為她的母親出口氣這麼單純。**事實上，前輩完全繼承了原生母親的慾望，並且將它當成是自己的慾望，繼續為這個慾望提供養分，投入精力關照。**

無論是在這樣的母親底下長大，還是日後成為大人，前輩都不曾發過脾氣或有過任何怨言。她心中唯一的想法，只有盡全力照顧母親，照顧因為沒有兒子而過得不幸的母親。**看著母親對外孫心滿意足的模樣，前輩或許覺得自己代替了母親贏得過去不曾獲得的愛。然而，她卻默許由自己的女兒來承擔這個代價。**

我聽著前輩的故事，內心進一步出現了這樣的想法：「無論是在本能或直覺上，妳的女兒早就知道如何對抗和疏遠自己的母親了啊！」因為她懂得利用對英語成績較敏感的父親，也懂得讓父親代替自己和母親對抗、責備母親。我心裡想著：「這孩子還真是機靈。」

更重要的，還有女兒英語出現退步的時間點。無論是過去或現在，母親應該都是以相同的模式疏遠女兒，並與兒子維持緊密的關係。如果女兒英語忽然退步，在這個時間點前後肯定發生了什麼事，必須好好調查清楚。例如，夫妻間的關係或心境是否產生變化，甚至是父親的狀態如何？總而言之，多虧了這次事件，前輩才有機會反省自己，重新探索與女兒的關係，孩子或許也因此能得到自己期待的改變呢！

名為「家人」的心理聯繫

仔細觀察自己對待孩子的態度，有時能看見某個人對待我的態度，正原原本本地表現在孩子身上。從小被母親冷落的人，容易冷落孩子；母親重男輕女，子女也可能更看重兒子，這不一定與父權家庭的氛圍有直接關係。我們也可能在沒有意識到的情況下，以相同冷落女兒的方式對待兒子。

這個名為「家人」的聯繫，不斷創造出心理上難以切割的複製，形塑下一代的人生。如果可以站在各自獨立的立場，營造健全的關係，當然再好不過。然而矛盾的是，想要停止這樣的複製，就必須先徹底了解自己與父母的過去。

如果沒有時時刻刻對自己感到好奇，或者對自己而言堅信不移的各種知識，以及被灌輸的普遍常識，從根本上抱持著懷疑、提出問題，我們就得繼續扮演某人的角色，代替某人實現慾望，過著演員般的生活。甚至想從自己孩子身上找回遺失的自己，從此落入不幸的迴圈當中。

「我做我的事，你做你的事。我不是爲了符合你的期待才活在這個世界上。你也不必實現我的期待，希望我們是真心誠意地看待彼此。」

——弗雷德里克·皮爾斯(Friedrich Salomon Perls)

我也想成為
母親疼愛的女兒

「受到母親的偏愛，
得付出超乎想像的代價。」

京熙在幾乎都是女性同事的公司上班，曾經與惠成走得很近。京熙將年紀較大的惠成當成是自己的姊姊，發自內心地喜歡惠成，也覺得與惠成相處非常自在。在京熙眼中，惠成不但長得漂亮、性格也好，能力更是出眾，是京熙羨慕與追隨的人。公司裡的女主管也喜歡京熙和惠成，所以三人非常要好。

然而，從某天開始，京熙覺得主管似乎更喜歡惠成，也更照顧和信任惠成。當京熙對主管的反感和不滿開始逐漸出現後，一些小摩擦也隨之發生。

後來在一項眾人合作的計畫中，京熙接手了部分的業務。這項業務的決策需要經過大家共同決定，然而京熙卻擅自做主，之後才向主管報告，這件事引發了雙方的激烈衝突。事後才被告知的惠成，指出京熙在處理業務上的瑕疵，也使兩人的爭執浮上檯面。京熙認為惠成當面指責自己的行為是惡意攻擊，更因此而情緒失控。

惠成實在無法理解這樣的狀況，明明不久前兩人還那麼要好。她雖然想盡辦法向京熙解釋目前的情況，但越是想要客觀說明，京熙就越覺得惠成是在攻擊自己、強迫自己。主管也同樣無法理解。她試著接近京熙，想和京熙一同解決問題，京熙卻認為主管和惠成兩人合力攻擊自己，於是轉向旁人尋求幫助。

三人的戰爭最後還延燒到其他人，造成同事間的尷尬與緊張，辦公室氣氛也變得烏煙瘴氣。主管認為事情若再這麼發展下去，肯定會影響公司的運作，於是透過友人找上我，希望進行團體心理諮商。

偏愛的代價

團體心理諮商開始沒多久，京熙便火力全開，說惠成對自己的指責有失公允，不但妨礙了她自由選擇的權利，還對自己亂發脾氣。而惠成無法理解京熙為什麼會把怒氣發洩在自己身上，反倒比京熙更加憤怒，又覺得曾經那麼喜歡自己的京熙背叛了自己，而痛苦不已。就這樣一週一次，持續了幾週絲毫沒有停歇的情緒爆發後，某次，京熙忽然哽咽地提起自己兒時的事，讓膠著的情況出現了轉機。

在京熙的成長過程中，她對總是偏愛姊姊的母親感到憤怒，卻也同時渴望母親的愛。**為了能得到母親的愛，她付出更多的努力和犧牲，然而得到的回報，卻是母親依舊以姊姊為優先，並全然信任且依賴姊姊。**

京熙坦言，在同一個小組內，主管更偏愛惠成（儘管事實並非如此），這讓京熙心中燃起難以克制的怒火，並轉而向惠成宣洩。京熙從某一刻起出現的幻想，反映的是她母親與姊姊的關係，而非現實中主管和惠成的關係。然而，她卻將原本想對母親與姊姊發洩的怒火，轉而發洩在主管和惠成身上。間接聽聞京熙的情況後，惠成立刻明白自己為什麼意外地成為加害人，並且理解了京熙的情緒。

京熙喜歡惠成，進而羨慕惠成，但她卻無法克制羨慕帶來的嫉妒，並且毫不掩飾地表現出來。這個嫉妒當然不只源於她的母親偏愛姊姊而使她得不到愛的匱乏，偏愛造成的創傷固然嚴重，然而其中也同樣存在渴望占有母親的強烈慾望。此時，**當事人會為了隱藏與保護自己的慾望，將對方塑造成攻擊者及加害者，並因為對方而感到極大的恐懼、不安與擔憂。**這是一種占有的慾望。這種慾望不分對象，可能出現在任何一種關係之中，非關個人意志，且千萬不可將占有慾誤認為是愛。

梅蘭妮．克萊恩（Melanie Klein）曾說：「親子關係中的嫉妒，源自於孩子渴望將自己羨慕的母親完全占為己有，並與母親合而為一的衝動與慾望。」當這個慾望受到挫折而未能實現時，或者孩子無法接受這個挫折而化為怨恨時，就會產生不安。如果這個扭曲的心態沒有順利解決，孩子將可能出現企圖破壞的衝動，而破壞的對象自然是自己或（孩子以為）迫害自己的人。這是因為他們沒有將內在的他人與自己區分開來，而最終釀成悲劇。

其實所有人都有這樣原始的嫉妒心，只是每個人處理嫉妒的方式不同，最後的結果也將有所差異。我們必須學會接受自己所經歷的匱乏與缺憾，以及這些失去所帶來的體悟。然而，不少人即使正經歷著不斷的失去，心理上卻持續在抗拒失去的事實，在如此矛盾的情況下成長。

此外，嫉妒與羨慕是一體兩面。當羨慕的情緒發展成過度癡迷、想成為對方的慾望，而慾望卻無法得到滿足時，羨慕也可能突然轉為嫉妒心和恐懼感。如果有些人特別令我們羨慕、嫉妒，那可能代表對方擁有某種我們遙不可及的期盼，而我們正渴望獲得它。

被偏愛的一方就幸福嗎？

難道被偏愛的一方，就比被冷落而受傷的其他兄弟姊妹更幸福嗎？不是的。其實，受到母親的偏愛，往往得付出超乎想像的代價。在父母偏愛下長大成人的孩子，有時必須代替兄弟姊妹承擔父母給予的更大責任。誰負責照顧父母並不重要，重要的是兄弟姊妹心中的某種「報復心」。「你得到了那麼多，負起這樣的責任不為過吧？」這句話乍聽也許理所當然，不過站在當事人的立場，難免會覺得有點委屈。**儘管得到父母更多的愛，理當付出更大的代價，但這並非當事人所願。有時，為了報答父母的偏愛，甚至得賠上自己的人生。**

在眾多兄弟姊妹中受到父母偏愛的女兒，與兒子的情況又會有些不同。在母親與女兒關係非常緊密的情況下，母親有時可能會做出試圖干涉女兒一切的行為。在這樣關係下長大的女兒，終將成為一事無成的人。然而，**母親卻將這個結果丟給其他女兒，要求她們無私的犧牲；而過去那樣渴望母愛的其他女兒們，卻必須賠上自己大部分的人生，去照顧因為母親偏愛而過得一無是處的姊妹。**

京熙一方面渴望著母親的愛，一方面又得處理母親與姊姊母女連心所引發的種種問題。京熙和能力出眾的企業家丈夫結婚，經濟上較為充裕後，母親和姊姊理所當然地想享受京熙寬裕的生活；而京熙由於長期缺乏母愛，內心也浮現出這樣的想法：

「如果我為媽媽和姊姊提供物質或精神上的幫助，媽媽會不會更愛我，更認同我？」

但是母親和姊姊就像無底洞一般，再怎麼付出，她們也不懂得感謝、不珍惜京熙，甚至只要有絲毫不滿，反倒會發更大的脾氣，提出更過分的要求。各種怨恨與失望在京熙心中不斷累積，這股憤怒最後在其他結構相似的關係中爆發了。這件事對惠成打擊甚大，她和主管私下也並非那樣親密的關係，然而自己卻得承受莫名的憤怒，覺得不可理喻。不過，在京熙說出自己的故事後，並真誠地向惠成道歉，據說她們的關係變得比以前更好了。

憤怒伴隨著快感發生時

京熙向主管與惠成宣洩的憤怒，基本上就是潛意識下的選擇。不過，並非所有人在對自己造成傷害的類似結構、環境或關係之下，都會以這樣的方式來發洩。

雖然我們認為創傷造成了這種循環，所以創傷必須加以撫平，不過，在這樣的循環之下，還隱藏著復仇的快感。即使因為沒有適時解決受到的傷害與失去，而在心中留下創傷，我們也不會只是受到過去的牽絆而一再受傷。將創傷帶來的憤怒發洩在沒有直接關連的其他人身上時，還能帶來某種快感。**因為儘管受到壓迫、攻擊令我們感到痛苦，我們卻能趁機將這樣的痛苦發洩出來，並且利用這個痛苦繼續發怒。**

京熙在諮商的過程中，了解到自己將惠成和主管視為可以報復的對象。她甚至發現自己在潛意識中已算計好，即使把她們當成情緒發洩的對象，搞砸與她們的關係，自己在公司依然可以扮演弱者的角色，這樣的反省出人意料。

於是她下定決心，再也不要以這種方式重蹈自己受傷的歷史，也不想再以破壞自己和他人的方式來追悼過去。她希望放過童年那個滿懷怨恨的自己，以及沒有對自己伸出援手的母親與姊姊。最後，京熙鼓起勇氣原諒了她們，並且帶著希望重新走進自己的人生，重新建構現實生活的關係。

愛隨著嫉妒蔓延

「愛不是可以平均分配的東西。
只要孩子擁有夠多和母親相處的記憶，
那就足夠了。」

母親對女兒的嫉妒相當隱晦，而女兒對母親的嫉妒則相當直接。尤其從六、七歲到國小為止，女兒甚至可能直接將母親視為競爭對手。

越是天生與母親有較多相似的感受或緊密聯繫的女兒，對母親的競爭心與攻擊性也越強。也有些母親特別不想輸給女兒的反抗，即使是在言語上，也想將女兒壓過去，心裡才會覺得舒暢。我們經常可以看見永遠贏不過母親的女兒，這個現象讓這句話——「沒有拗得過子女的父母」相形失色。

並非是孩子一定要把父母吃得死死的，而是在與母親的關係中，絕對無法贏過母親的挫敗感，將使孩子產生嚴重的無力感。甚至將戰勝不了母親這個權威的憤怒，轉而發洩在不當的地方。當母親與女兒進入勝敗輸贏的遊戲時，必然得分出勝利的一方與失敗的一方，此時，孩子絕對居於劣勢。母女關係不是你死我活的遊戲，母親只要扮演好母親的角色即可，一旦母親表現出不服輸的態度，孩子就更容易落入競爭的關係之中。

嫉妒或者誓死對抗

女兒與母親的心理聯繫，遠比我們想像的更為緊密。在臨床經驗中，可以發現女兒受彼此間的情緒影響，比母親的影響更大。有些女兒採取硬碰硬的競爭關係，也有些女兒試著建立同盟關係，藉此獲得母親的愛。這種敵對、嫉妒與競爭的心理，難道只會出現在孩子身上嗎？

我在修道院生活的期間，曾經發生過一件非常有趣的事。無論是女子修道院或男子修道院，都必然存在著權力與偏愛關係，也存在著慾望、羨慕與嫉妒。當然，修道士必須透過持續的反省與分享來洗淨自我，並且在日常生活中，努力對抗這些細微的情感。

我沒有在男子修道院生活過，並不清楚那裡的實際情況，不過，女子修道院內發生的事情可不少。修道院一期通常有多名同期生，因為年齡各不相同，所以多數時候不會互稱「修女」，而是稱之為「姊姊」、「妹妹」。不僅年齡相近的人競爭激烈，而且同期之間的嫉妒心也比起前、後輩更為強烈。

曾經有一位修女在團體修練時染上流感，臥病在床。由於在修女院的期間，所有活動都是集體進行，包括一起洗衣、工作、祈禱、用餐、休息。而所謂的集體休息，就是在一天的行程結束後，眾人會聚在一起縫補衣服、一邊閒話家常。不過，一旦有人生病，這個人就會被排除在團體行程之外，只能待在宿舍休息，由同期生準備飯菜帶去宿舍。

某天，和染上流感的修女較親近的另一位同齡修女，也出現了感冒的症狀。她心想自己既然快要感冒了，得先採取預防措施，於是便拿這位修女朋友的藥來吃。不料吃完後，突然產生了藥物過敏的反應，全身浮腫，狀況相當嚴重，自己也病倒了。

像這種嫉妒眾人的愛集中在某人身上，想要與對方競爭，不惜以類似的身體病狀來分散大家關心的行為，也可能是潛意識中的選擇。

我也想成為一朵花

「媽媽對你們的愛都是一樣的！」

孩子們都知道這句話是謊言。即便表面上努力達到公平、公正，但人心並非機器，不可能公平地給予相同的愛。我們都深受「不能偏愛孩子，要一視同仁」的普遍理想思維所束縛著，並且為了達成這個目標，不得不繼續隱藏個人情感並說服自己。只是，為什麼愛一定要一視同仁呢？

只要依照你自己的方式去愛，而我用我的方式去愛就可以，我不認為對待老大和老二，或者對待女兒和兒子要一視同仁。只要孩子擁有夠多和母親相處的記憶，便已足夠。

我是長女，家中還有一個弟弟，小時候母親叫父親時，經常在前面加上弟弟的名字，變成「○○他爸」。我從小到大都對這件事非常不滿，為什麼母親不是加上我的名字來叫父親呢？我曾經把原因歸咎於自己的名字，因為弟弟名字最後一個字是「民」，所以「阿民他爸」聽起來比較自然，如果用我名字最後一個字，叫作「阿蘭她爸」，聽起來似乎有些奇怪，我只好這樣安慰自己。

在我看來，夫妻之間稱呼彼此的名字較為妥當。比起把孩子和父母綁在一起，稱呼誰誰他爸、誰誰他媽，以獨立個體的名稱來稱呼對方更好。

詩人金春洙有一首著名的詩——〈花〉

「在我呼喊他的名字前，他不過是一個物體。在我呼喊他的名字時，他才走向我，化作一朵花。」

比起執著於一視同仁的愛，只要母親能記住孩子名字中的獨特性，並且呼喊出來，就夠了。孩子也是如此。只要能在心中塑造出自己母親的形象，而不是普遍的好母親形象，並且接受這個形象，就不必去羨慕別人的母親。

母女關係不是你死我活的遊戲，
母親只要扮演好母親的角色即可。

連我也不知道的「我」，身體都知道

「
我們身體如此敏感，
即使是一點細微的症狀，
背後也有著千絲萬縷的故事與歷史。
」

當父母和孩子們忽然出現身體上或精神上的症狀時，最重要的是檢視症狀發生的時間點與前後的脈絡。在相近時間發生相同的症狀並不少見，這不一定是由遺傳因素所造成，也可能是由於潛意識中，將渴望的對象與自己視為一體的緣故。所以在諮商時，必須仔細找出這些症狀如何出現、何時出現，並且要一起探討個案在人際關係中發生的各種問題。這樣的探討與追蹤，有時就像深入搜查案件的調查員一樣。

一位女性個案在四十歲後遭遇人生危機，來到我的諮商室。在經過漫長的探索過程後，她發現自己母親住進精神病院的年齡，和自己出現嚴重心理症狀而來到諮商室的年齡相同，不禁大吃一驚；另一位年屆四十的女性，發現自己二十歲出頭墮胎的時間，和母親想要打掉自己的年齡相當接近，同樣深受打擊。

潛意識如此具體而細微地將許多事件銘刻在身上，而我們卻無法察覺這些事件會將我們帶往何方。之所以需要進行令人難受的個人心理諮商，原因也在於此。

許久前在學校工作時，一位患有腸躁症的女學生向我抱怨，說這個病讓她在學校過得非常辛苦。女兒的學校生活不順遂，最痛苦的人自然是女學生的母親。腸躁症是神經性疾病，除了心理因素的解釋之外，從醫院得不到其他診斷原因，也沒有任何處方。母親想方設法，為了治療女兒的疾病拚盡全力，然而，這個症狀最終沒有獲得改善，女兒甚至選擇了休學。

女學生藉由自己身體症狀所要達到的目的，其實是母親的屈服。身為長女的她，平時與母親之間有許多心理上的對抗與衝突，在女兒眼裡，母親是不肯聽自己想法的人。當然，從心理分析的角度來看，女學生的症狀還有許多更深、更複雜的因素牽涉其中。不過，如果女學生休學之後，最痛苦的人是女學生的母親，那麼，就必須懷疑這個症狀所要傳達的訊息是什麼。

孩子無法清楚、理性地意識到自己的慾望或訴求，因而透過身體症狀發出信號、訴求，而當大人無法認清自己的需求、願望或匱乏之時，也會如此。

我們的身體其實有話想說？

與個案相處的時間越長，我便越覺得現代精神醫學的診斷、處方與藥物過於激烈、粗暴。由於經濟上的因素與社會體系的侷限，讓許多醫師無法深入探索、了解個案的歷史，實在相當可惜，他們只能根據分類和統計給予診斷、開出相同的藥物，並根據症狀的程度來減少或增加劑量。然而，我們身體如此敏感，即使是一點細微的症狀，背後也有著千絲萬縷的故事與歷史。雖然無法全盤了解，但至少我們應該傾聽自己的身體，以及身體想說的話與發出的信號吧？

有的人過度盲目相信疾病名稱，或者光是聽見病名，就覺得內心舒坦；反之，不喜歡被冠上某些病名的人，他們討厭自己被定義在某個框架內，拒絕被視為特定類型的人。不過，希望聽到病名的這群人，至少能將自己的症狀限定在特定疾病內，進而得知該採取什麼行動，也才能讓自己安心。對他們而言，這不但是更安全的解決辦法，也不必花費太多精力在深入了解自己的身體，以及與身體直接相關的精神狀態。

對身體的反應過度敏感，**喜歡跑醫院看病的人，應該反省自己是否耗費過多力氣在外在事物上；至於過度專注於內在感受而忽略身體的人，也可能是正在逃避某些身體症狀。**我們的身體與精神一體兩面，必須將身體的症狀或反應，視為身體向我們發送的暗號或訊息。

> 「任何身體的症狀都是暗藏玄機的提問，
> 也是試圖傳達某些訊號的努力。」
>
> ——達里安·李德爾

當身體感到疼痛時，不妨檢視內心

精神分析學家茱莉亞・克莉斯蒂娃曾說：「當『討厭』或『喜歡』這類辭彙受到壓抑，甚至連某些言語都無法表達的細微情緒被壓抑時，這些情緒將觸發強大的力量向外釋放，那是任何一種精神上的印記或象徵都無法穿破的力量，而這股力量將轉而攻擊身體，破壞身體器官。」

許久前認識的貞惠，一週有五天要到醫院接受治療，而且不同天有不同科別，例如韓醫院、整形外科、物理治療、皮膚科、內科等。即便來回奔波各家醫院接受各種治療，她的症狀依然沒有好轉的跡象，最後才選擇了心理諮商。

在諮商過程中，我發現她兒時因母親離家出走而缺乏母愛，如今利用追悼這個匱乏的方式，持續接受各個專業醫師的照顧。換言之，每週有五天由不同專業的醫師提供她關懷，而這些是她過去無法從母親身上獲得的。為了能持續利用匱乏獲得實質上的關照，因此，身體的症狀自然不允許好轉。

潛意識中對匱乏的追悼，如果真的能獲得實質的安慰與康復，當然是最好的；然而，她卻不得不繼續維持身體的各種症狀，甚至為此付出讓健康惡化的代價。在付出代價的同時，她終於覺悟到不能再繼續這樣下去，於是來到了我的諮商室。

當然，她並不希望盡快解決問題。身為心理師，我無法治療她身體上的症狀，況且要是開出解決症狀的處方，她的健康反倒可能受到威脅。因為對她而言，醫院的治療就是她與母親的接觸，而身體的症狀就是母親的化身。**我們無法強迫一個女孩放棄母親。唯有她自己體認到那些症狀的意義與真實面貌，並且主動放棄，才有可能。**面對與自己身體休戚與共的母親，她必須學會徹底追悼，並且送走母親才行。

Chapter 4

放下「為母則強」的偏執，才能有所得

——關於母親的母性

不愛孩子的「罪」

「就算現在盡力滿足當時沒有滿足的愛，
孩子受到的傷害也不會痊癒。」

天底下怎麼可能有不愛孩子的母親呢？先以結論來思考，不愛孩子的母親處處都有。甚至有些母親，將孩子當成實現自己慾望的對象，或是將孩子當成自己的附屬品，欺騙自己那就是對孩子的愛。

「母親必須無條件愛孩子」是這個世界共同建構出的幻想，也是一種母性神話。其實就連親子之間的愛也是有條件的，在父母的犧牲中，隱含著獲得同等報酬的期待，有時他們甚至透過話語或行動，直接或間接地向子女提出要求。面對母親發出的呼喊，子女通常很難逃避。

有時母親們會暗暗自責：「我是不是太缺乏母性了？」不過從另一方面來看，我認為她們非常誠實，能夠發現或察覺到愛自己更勝於愛孩子，至少已經是個正面的訊號。其實不是不愛孩子，而是當她們的心中只有自己時，自然容不下其他人，即使那個人是自己的孩子。母親經常嘴上說要保護孩子，其實更多時候是想保護自己；而孩子們儘管說服自己理解母親，內心卻有一股抵抗的力量逐漸萌芽。

經過長時間與多數女性個案們相處，我發現她們並非缺乏母性，而是被自己經歷的創傷與匱乏壓垮，無法正常發揮母性。只要不是太過自戀（narcissism）而無法自拔，至少在我的經驗中，沒有一位母親是缺乏母性的，只有母性無法正常展現的狀況而已。

越是了解自己內在的創傷，就越能了解自己，而與生俱來的母性也將自然而然地顯露出來。更準確地說，了解自己的女性，將可以透過自己的方式去發現新的母性，找回母性原有的功能，使它正常發揮力量與光芒。**這是因為她們已經能夠分辨清楚自己該捍衛什麼，又該守護什麼。**接著，她們也將學會保護自己和孩子以外的人。

那時候是不得已？

我在心理諮商的過程中，發現小時候母親對我的一些小小責備不斷累積著，導致我在潛意識中認定自己是個不及格的母親。因為自己的狀態不穩定，所以在孩子就讀國小期間，曾經有長達三年多的時間，將孩子交給婆家照顧，讓孩子在鄉下的學校就讀。雖然有不少無奈的現實因素，不過，那些都只是為了說服自己的藉口罷了。

透過諮商，我才明白自己將孩子送走的原因，源自於內心根深柢固對自己的不安，以及在備受挫折的婚禮籌備過程中，對婆婆造成的傷害進行報復。那一瞬間，我的雙腳幾乎失去力量，已經記不得自己坐在諮商室外的樓梯上哭了多久。一方面對於自己當時利用孩子發洩自身的憤怒，而感到萬分驚恐；一方面也看見自己扭曲的母性——因為認定自己是個失格的母親，而企圖以疏遠孩子的方式保護孩子。

許多母親常說：「那時是不得已。」這是隱藏自己潛意識的行為。或許有些事情只靠自己的力量難以成功，但是如果我們沒有盡全力反省自我、懷疑自我，那麼，自己或自己最寶貝的孩子，必將為這個狡猾的潛意識付出代價。

由於國小低年級時與母親分離，造成我的女兒有一段時間相當匱乏，而這樣的匱乏也明顯表現在一些細微的徵兆上。例如，女兒在性格上過度內向、與朋友漸行漸遠，並且相當敏感。看著女兒因為對人際關係過於敏感，而讓自己遍體鱗傷的樣子，身為母親的我相當難過。儘管如此，我依然沒有逃避的，不停思索女兒正在付出什麼樣的代價，以及那時的我沒有盡到為人母親的責任是什麼。

有些父母因為對孩子抱有罪惡感，而對孩子的要求言聽計從。了解過去自己犯下哪些錯誤、為什麼犯錯固然重要，但是如果想藉由順從孩子來補償自己過去的行為，是非常危險的。**因為罪惡感造成的補償心理，並不是真的為孩子好，這不過是母親用來安慰自己的行為罷了**。

事到如今，補償也沒有意義

一位朋友早婚，如今她的女兒已經是大學生。女兒在就讀國小、國中期間，朋友與丈夫正經歷婚姻危機，生活幾乎一團糟。直到女兒上了大學，朋友的生活才算步上軌道。經過一段時間的努力後，朋友已經順利克服困難，不僅重新站了起來，甚至能扛起母女倆的經濟負擔。但對於女兒過去缺乏母親陪伴而產生的心理匱乏，朋友深感自責。因此，對於女兒上大學後的態度及要求都百依百順，導致自己再度陷入混亂。

朋友說：「至少現在多滿足女兒一點愛也好吧？」看來朋友有一個嚴重的誤解，當時形成的缺口，無論現在再怎麼縫補，缺口也不會消失。可能是她私心想為自己曾經犯下的錯贖罪，這是母親為了抵銷自己罪惡感的行為，其實反而是更愛自己的處理方式。

然而她的女兒目前需要的，並不是在她年幼時應該獲得的照顧。**女兒實際上正巧妙地利用母親的罪惡感來控制母親，將母親牢牢困住。**導致母親必須隨時回應女兒的需求，在女兒需要的時候隨侍在側。

認同並接受已造成的傷

在人類的各種衝動中，快樂是讓人嚐過一次滋味後，就難以自拔的衝動。快樂儘管伴隨著痛苦，卻也無法停止。朋友女兒看著母親任自己擺布的模樣，體驗到某種奇妙的暢快和勝利感。然而，這樣的控制並不能讓女兒感到幸福，或是過著更滿意的生活，只是讓母女關係更加扭曲、複雜而已。對女兒和母親來說，都很痛苦。

對於因為過去缺乏母愛而承受痛苦的女兒，該如何幫助呢？首先，我們必須認同這樣的事實：即使為了彌補過去的缺憾而現在滿足女兒大量的需求，女兒曾經受到的傷害也不會淡化或消失。換言之，就是要正視過去已經造成的傷害。所謂的「認同」，不是只在心裡想，更該用全部的身心去接受。所謂的「接受」，則是大方承認我們對各種事件所產生的反應，並且深入去體驗與感受，進而樂於承擔它所帶來的責任與代價。

但是如果想藉由順從孩子來補償自己過去的行爲，是非常危險的。

母親是真心希望
女兒幸福的嗎？

「

她們將自身的創傷與扭曲，
當作潛意識的飼料餵養孩子，
無形中對孩子進行掌控。

」

「父母愛子女」是理所當然的常識，儘管如此，就像前面所提到的，可惜這只是社會營造出的一種理想而已。在實際進行深度諮商時，便能見到許多不肯輸給子女的父母，也有不少女兒說自己從來都不曾贏過母親。女高中生詩鉉每次和母親吵架時，總在聽到這句話後啞口無言。

「妳怎麼敢對媽媽這樣說話？這裡不是妳家，是我家！」

當子女不肯聽從自己的命令時，父母只好拿出他們的權力。雖然我也想過或許是孩子太沒有禮貌，母親才會說出這樣的話；不過即便如此，這句話也赤裸裸地表現出母親內心看待子女的態度。這個案例也許看似微不足道，然而實際上的確有不少母親從未意識到自己的所作所為，已經在無形中妨礙了女兒的幸福。

母親內心的嫉妒

來到我諮商室的賢淑，是個努力為女兒付出、在背後支持女兒的母親。然而她發現自己每到關鍵時刻，總會在無形中阻礙孩子的升學。她盡力讓孩子補習，卻在女兒想申請好的大學時，以安全為由不斷說服女兒接受較低的標準。她心裡經常浮現這樣的想法：「高中畢業的我，付出到這種程度就夠了吧？」賢淑更發現即使收到學校發的家長面談邀請，自己也會以各種藉口推辭，無法對女兒的未來投入更多關心。這樣的阻撓，無疑是一位母親刻意阻撓女兒超越自己。

然而，當賢淑的先生為女兒努力時，看著一切的她一方面對丈夫感到欣慰，一方面則閃過一絲羨慕女兒的想法：「我可不像妳有這麼好的爸爸……」。

無論或大或小，人們都有著強烈慾望想守護自己的某種東西。許多母親或家長常說自己「為了保護子女」、「都是為了孩子」才努力奮鬥到今天，但在這些話的背後，其實也隱藏著母親個人的慾望與私心。這是人性的弱點，也是母親的弱點。看著與自己無關的人成功，我們真心感到敬佩；然而，對於身旁最親近的人（家人、朋友等），我們卻想與之比較，分外眼紅。

潛意識是如此奇妙、利己，但即使是潛意識，那也是自己的行為。只要我們能不斷自我覺察，將潛意識提升至意識的層次，那麼，任何行為都能適時停下。

母親的愛之中也藏有毒性

一位走進諮商室的年輕女性，說她每次要和男友見面時，總能從母親刻意阻攔的行為中發現母親的嫉妒，而深受打擊。這是因為她受到既定印象的影響，認為「母親是無條件愛護自己的人」。她所熟知的一般想法，導致她怎麼也無法理解自己與母親之間的矛盾；直到後來，當她察覺那是母親的嫉妒所引發的行為時，反倒更願意接受與母親之間的矛盾，心裡也更加踏實。

嫉妒與羨慕的情緒本身都沒有錯，因為那是所有人類最原始的情感，無一例外。但是如果不能意識到自己嫉妒什麼、羨慕什麼，這個代價將由最親近的人來承擔。尤其是高舉「家庭是由無私的愛所組成」的觀念，從未懷疑過何謂「愛」的人，問題會更加嚴重。因為他們堅信母親和女兒沒道理嫉妒彼此、阻礙彼此，下意識想要隱藏或對這樣的狀況視而不見。因逃避所產生的扭曲與弊端，往往害人不淺。

美國精神分析學家麥可・艾根（Michael Eigen）說：「在母親的母性中不只有愛，也有毒。」**因為母親身為一名女性（而非母親），眼中所看見的女兒不只是自己必須保護的人，同時也是一個比自己過得更幸福的年輕女性。**在女兒成長過程中，有時女兒將母親視為競爭對手，而母親也在無形中與女兒相互競爭。

婚後，女兒們經常會聽見母親這麼說。

「至少妳遇到好老公，生活很幸福，不是嗎？」

這是遇人不淑而活得痛苦與不幸的母親們，對嫁給好老公的女兒所說的話。女兒過得比自己幸福，母親固然感到慶幸，然而，在母親的話語深處，卻也隱藏著微妙的嫉妒和羨慕。看著女兒幸福的模樣，母親在感到欣慰之前，最先想起的是自己不幸的處境。在她們眼中，女兒不是成年的大人，而是觸發自己回到過去的人。這種將女兒視為獨立個體，想與之競爭、比較的原始情感，存在於所有母親的心中。越是憐憫自己、對過去感到悔恨的人，越容易對女兒說出這樣的話。

殺死「母親」，我才能活下來

雖然不是女兒與母親的關係，不過在電影《逆倫王朝》中，有一幕是英祖（宋康昊飾演）要求兒子思悼世子代理聽政，做得好英祖也挑毛病，做不好英祖則痛罵，將兒子玩弄於股掌之間*。這樣的父子鬥爭劇情，並非只在王族權力之間上演，而是在所有家庭都可能出現的心理對抗。在電影中，思悼世子由於無法忍受父親的反覆無常，最後舉劍試圖殺害父親。儘管在聽見自己幼子與父親談話的聲音後，放下了手中的劍，但思悼世子依然被父親賜死。

這是非常抽象的情感。它如實呈現了我們的內心存在著「如果不殺死父母，就無法活出自我」的內心掙扎。更進一步說明，如果無法殺掉心中的父母，我們終將被他們親手殺死，這裡所說的死亡，並非生物學上的死亡，而是指父母在我們心中不斷發出的聲音與慾望的死亡。

心理上的分離，與經濟上的分離、實質上的分離同樣重要。**許多人儘管在實際生活中與父母分居，過著獨立的生活，卻沒有斷開心理上的臍帶，生命便無法繼續向前。**所謂的分離，並不是指極端的斷絕關係，而是說我們必須經歷內在真正的失去與獨立。

＊註：朝鮮國王英祖於西元一七二四年即位，並於一七三六年冊封次子李愃為王世子，命李愃代理聽政以熟悉朝中政務。李愃多次精神疾病發作，最終被英祖關入米櫃內餓死，死後謚號思悼。後由李愃之子李祘繼位為正祖。

若透過閱讀心理勵志書、從事各式各樣的活動來豐富自己的生命，卻不知道自己為什麼這麼做，那麼，心中依然會留下無解的問題，阻礙你的生命成長。人生如果只看好的一面，而逃避痛苦和黑暗的一面，那些必須親身面對、挑戰才能收穫的真理與滿足，就只會永遠存在於遙遠的彼端。為了提高生命的富庶，我們必須主動了解那些影響自己行為的內在聲音，以及根深柢固的慾望。

即便如此，母性依然偉大

儘管我們終究得面臨即將失去的（分離、斷開），然而，母性當中也確實存在著犧牲、全面性照顧與自我放棄等偉大情操。不過我個人認為，這種情操與其說是本能，不如說是高度自覺且有選擇性的。如果是本能的話，所有人都應該相同才對。但是，母性與學識或教育程度無關，只有懂得不斷自我反省、自我思索的女性，才會擁有更高層次的成熟與決絕。

身為母親，必須了解自己過去經歷背後隱藏的意義與痛苦；而想要了解自己，最終仍需付出關心與努力去理解父母的歷史。**別為了自我安慰與個人的安穩，過度美化或過度貶低父母的過去，我們需要的是努力了解父母最真實的模樣。**所以在心理諮商的過程中，通常會花費大量時間在探索自己沒有意識到，卻在心中扎根的父母們的故事。一個有趣卻也驚人的事實是，原以為自己從未記住或不了解父母的過去，然而，在進行心理諮商的同時，父母的歷史卻像串珠一般前後連貫了起來。

僅僅藉由普遍的心理學知識來認識自己，不僅容易陷入危險之中，也可能將問題歸咎於極其表面的原因。因為即使是有著類似創傷的人，每個人的痛苦與創傷也都有截然不同的意義。

大家是否曾用過「媽媽當然很愛我」的一般認知來理解自己？認為自己是深受母親關愛的女兒，然而，心中的衝突和痛苦卻從未停止？是否在意識的表層說服自己，「爸媽那時也不好過，才會這樣對待我，他們永遠都愛著我。」為父母脫罪，但在內心深處的潛意識中，卻仍有排山倒海的怨恨和情感疙瘩困擾著自己？**這是因為自己早**

已知道的深層事實，與意識上說服自己的事實並不一致。一個人的創傷與匱乏，並非套用普遍的大眾心理學知識就能理解。一個人的痛苦，必然有著只屬於當事人才能理解的點。

心理諮商，可說是揭開人們潛意識的行為。心理諮商不是將一個人大卸八塊，再好好分析診斷，而是將散落在我們心中各處，但卻沒有意識到的隱諱事實呈現出來，加以理解，並在呈現的過程中承受隨之而來的痛苦。許多人願意經歷這樣痛苦不堪的過程，就是為了察覺自己在不知不覺中可能做出的行為。他們鼓起勇氣，想好好保護自己珍惜的人，遠離自己無法掌控的潛意識和陰影。當然，也是因為想更了解想法和行為不一致的自己。因此，進行心理諮商就是追悼自我的過程，也是重新建構自我的行為。

並非是要母親們拿自己的痛苦和犧牲，向子女或丈夫索求回報，藉此追悼過去的自我，**而是儘管問題的發生錯不在我，仍能為自己心中已造成的創傷與痛苦負責，並且尋求解決之道。**也有不少母親即便沒有透過心理諮商的治療，也願意付出個人全部的力量，為了家人與子女們持續探索自我。因為這樣的努力，母性才能便顯現其非凡與偉大。

母親心中潛意識的黑暗力量，並非想掌握一切、吞噬一切。只是因為她們沒有徹底了解內心深處的創傷與扭曲，所以將創傷當作潛意識的飼料來餵養孩子，無形中反覆對孩子進行報復與掌控。母親心中，也同時存在著母性，想要保護、捍衛自己所珍惜的一切，而這個母性的崇高與前者勢均力敵。只是我們尚未徹底發現、經驗與接觸這些母性而已。

「在母親與孩子的關係中，
同時存在著恐懼與崇高。」
——茱莉亞·克莉斯蒂娃

渾身是傷的母親，如何再愛人

「只要內心被個人問題所占據，
就無法將珍惜的人放進自己心裡。」

在戰後嬰兒潮世代中，經常能看見因為「女兒」而遭受歧視的女性。在這段時期，無論是生下女兒的母親，還是身為這位母親的女兒，她們在家庭中遭受暗中排擠或公然排擠的情況，屢見不鮮。

順貞來到我的諮商室，不是為了自己，而是為了女兒的問題。她說，女兒婚後不過幾年，婚姻就面臨危機，自己不知該如何是好。她希望在女兒接受諮商前，先弄清楚自己的狀態，所以先來進行諮商。

整個諮商期間，順貞幾乎是邊哭、邊說完自己的故事。年輕時候的她，可說是為了生活拚盡全力，一刻也不得閒，艱苦奮鬥的日子歷歷在目。順貞的母親接連生下女兒，在婆家得不到任何好臉色，而在生下么女順貞當天，婆婆更是直接將新生兒順貞丟在火炕前冰涼的地板上。即便如此，順貞母親也沒有放棄這個小生命，逃命般抱著孩子求助於當地的教會。多虧教會牧師煮米粥給母女倆，悉心照顧，順貞和母親才勉強恢復體力。

順貞從小受到外婆的控制，沒有正常上學，童年過得相當悲慘；婚後丈夫也跟自己處境相當，順貞只能繼續過著艱難的生活。現在好不容易辛苦有了代價，不但買了房子，理財也相當順手，生活過得十分寬裕。但是順貞仍堅持工作，不肯休息。她認為工作的時候才有活著的感覺，而且因為工作盡責，客人時常光顧，自己也覺得很有成就感。之前順貞母親看著順貞婚後生下兩個孩子，生活困苦的模樣，對於女兒遇人不淑而感到惋惜，甚至要順貞乾脆和丈夫離婚，孩子她願意幫忙照顧。順貞當然不願意。一來要放棄自己選擇的丈夫，這個男人可能會走上絕路；二來也不希望婚姻和人生雙雙失敗，所以抱著這個想法咬緊牙根苦撐著。

然而，令順貞感到委屈的是，自己一直以來那麼努力，為什麼女兒還過得如此不幸？一想到女兒沒有能力獨立扶養孩子，只能帶著孩子回到娘家，就覺得未來一片茫然。所以當女兒決定離婚，回到娘家時，順貞並沒有給予女兒溫暖的擁抱。反倒想盡辦法，要讓女兒與女婿兩人重修舊好。

母親將自己的擔憂，偽裝成對女兒的擔憂

我問順貞最害怕什麼？令人訝異的是，順貞害怕的並不是女兒的不幸，而是女兒離婚會影響自己的工作。如果女兒回到娘家後，沒有人能幫忙照顧年幼的孫子，那麼，自己勢必要為了照顧孫子放棄工作，這樣的憂慮對順貞來說猶如泰山壓頂。

對順貞而言，工作就是自己的一切。在工作的時候，她能清楚感受到自己受到歡迎，以及活著的感覺。雖然以前沒有上學念書，被別人瞧不起，就這麼活到六十多歲，人生路上又經歷了大大小小的傷害，但是進入工作狀態後，她能暫時忘卻這些痛苦，又能得到回饋。

一想到未來可能得放棄自己視為一切的工作，一股堪比死亡的恐懼瞬間湧向順貞。另一方面，順貞女兒在最艱難的時刻找上母親，本想依靠母親，但是母親那樣的態度卻令她備受傷害與打擊，也為此傷心落淚。「我都說我過得不好，不想回到那個跟地獄一樣的家了，為什麼妳還不了解我，只想叫我趕快回去？」順貞女兒對母親大吼，心裡恨透了母親。

•

順貞說服自己這是為孩子好，一定要忍下來，再說家和萬事興才是最重要的。但理性來看，我們很難說順貞是真的為了孩子好，才要求女兒回到原本家庭。儘管順貞那樣說服自己，**但比起女兒所承受的巨大痛苦，她更擔心的是失去自我，所以選擇疏遠女兒。**

不只順貞如此，任何人都是如此軟弱。不過，只要我們明白自己害怕什麼而疏遠什麼，就能找出母女之間更和諧的相處之道。

受傷的母親，被困在過去的創傷中

在我們的理性思維中，認為父母可以為孩子犧牲生命，但是受傷越深的母親，越難以接受孩子最原本的模樣。如果順貞不能徹底認清自己的創傷，看清自己的狀態，不妨先停下來，給女兒一個擁抱。至於該如何解開女兒承受的痛苦與不幸，也可以放慢腳步好好思考，摸索出最合適的方法。人類在最脆弱的時候，容易失去分辨是非的功能，不知道該保護什麼、保護誰，而自己現在又保護著什麼。

順貞因為擔心失去自己而活得戰戰兢兢，這種狀態並不能視為成熟的心理狀態。創傷或匱乏形成的疙瘩越大、越多，停留在當時的自我就越容易否定現在的自己。換言之，順貞正是用兒時渾身是傷的自我來看待現在的女兒，而不是用已經克服一切、生活順遂的大人目光來看待女兒。

順貞不停傾瀉自己難過、痛苦的回憶，那模樣彷彿被鬼神附身的人，對一切置若罔聞。順貞似乎是為了讓自己的處境和態度獲得正當性，所以才會來到諮商室，她問我：「如果是您，也只能那樣做吧？」急著尋求我的認同。我是這麼告訴順貞的：

「這麼說或許您會覺得很不是滋味，不過我希望您能再好好想想。從前您的母親即使受到婆婆的迫害，也絲毫沒有放棄或拋棄您。這是事實吧！後來您在牧師的幫助下和母親一起活了下來，婚後母親看著您那麼辛苦，甚至還希望您離婚回娘家，孩子會替您照顧。母親是用盡一切努力想保護您。即使過去雖然過得非常艱苦，至少也算平平安安活到現在。但是您現在卻要女兒回到她口中那個地獄般的婚姻中，把女兒拒之門外。為什麼會這樣呢？是什麼讓您這麼憂慮，以至於眼中看不見自己的女兒呢？」

順貞聽到這些話，從諮商開始到現在的淚水瞬間停住。這一瞬間，她完全意識到自己的狀態。她發現自己過去從沒分辨清楚內在的匱乏感與真實的匱乏有何不同，而被情感上的誤判與錯覺牽著走。**當我們在生活中被創傷帶來的情感衝擊所蒙蔽時，便無法看清現實。**

順貞過去確實過得非常辛苦，但她卻忽視了母親最終沒有放棄自己的事實。她深陷過去被外婆欺負、沒有受到保護而產生的匱乏感，反倒無法發現自己正把需要保護的女兒推向遠方。與其說順貞將自己受到的創傷放在自己身上，不如說她將母親受到外婆的欺壓，也放在自己身上。換言之，她的一生被困在母親的創傷中。

深層心理諮商並不是無條件支持承受痛苦的個案，或是給予安慰。應該說不可以這麼做。有時必須冷靜地面對個案，讓個案真正認知到什麼才是現實。順貞為了尋求安慰與支持、認同而來到諮商室，卻在諮商的過程中遇見了真正的自己。

只要在困難時刻陪在身邊就好

順貞雖然已經是年屆七十的母親，卻和那些來到諮商室，為孩子的問題煩惱、諮商的年輕媽媽沒有不同。她們不是反省自己的問題，而是先請我改善、治療孩子的問題。因為對她們而言，那是更簡單便利的方法。

順貞也是一樣，最後女兒只能靠自己解決問題，日後想必也會是如此。即使是家人，娘家母親能給的幫助有限，只是讓人感到挫折的，是母親對待我們的態度。換言之，挫折感不是因為母親沒有為我們解決某些問題，而是母親在我們最辛苦、絕望的時候，表現出漠然的態度。

我在自己年幼的女兒身上，以及許多長大成人的女性身上，發現一個共通的特點。那就是無論面對什麼樣的痛苦或考驗，她們都想知道自己不是孤單一人。她們要的不是實際的解決方案，而是希望在自己最困難的時刻，身旁有個默默理解自己的「母親」。

只要內心被個人問題所占據，或被自己的匱乏與創傷束縛，就無法將我們珍惜的人放進心裡。母親只需要讀懂孩子的心情，就足夠了。**每個女兒對母親的期盼，就是完全相信自己，並且和自己一起堅持到底。**只要母親能做到這點，那麼女兒接下來就有足夠的力量重新站起來。

母親的不安
未曾消失的原因

「母親情緒上的不安，
孩子憑感覺就能立刻發現。」

對女性而言，不安猶如影子般如影隨形，似乎沒有停止的一天。不安的想法也像火焰，一旦點著，瞬間立刻燃燒，火苗不斷蔓延至其他地方。不安可能以任何想法、任何形式出現，而我們只能不停判斷、評估這個想法，賦予這個想法價值，有時也會因為這個想法而感到自責。在此過程中，各種情緒都可能受到這個想法的牽動。

當想法與情緒結合在一起，沒能找到出口進而宣洩時，或自己再也控制不了時，身體必定會出現某種反應。換言之，不安會引發身體各種症狀或不適。

當我們心中難以控制的情緒，藉由身體的症狀向外宣洩時，精神上的不安將暫時獲得平息。

如果是透過身體而緩解自己的精神狀態，還算慶幸；問題是有些母親企圖透過孩子的身體症狀，來緩解自己的不安與罪惡感。這句話乍聽之下可能無法理解，不過，孩子（尤其是女兒）與母親在身體和心理上的連結極其緊密，所以許多時候，孩子反而比母親自己更早察覺母親的狀態。

佛洛伊德說，身體症狀也是一種語言。所以當我們身體和孩子身體發出聲音時，必須用心傾聽。身體出現症狀，當務之急就是去醫院接受診斷，對症狀進行處理，若只靠身體治療與藥物處方，還不能完全放心的話，必須傾聽這個症狀發出的聲音。

曾經有個女孩經常被母親嘲笑長得難看，幾年後出現顏面麻痺的症狀，連續幾年都得承受治療的辛苦。我們的話語、身體與精神狀態，竟能達到如此驚人的同步反應。當然，這可能只是母親的玩笑話，但我們不知道年幼的孩子當下是如何接受這個訊息。如果這些話語引起孩子的羞恥心與自卑感，那麼，這個情緒就可能埋藏在孩子的內心深處，並且足以引發各種症狀。

母親的不安留下證據

小婷在懷孕期間深受巨大的壓力困擾。她對於自己沒能處理好壓力深感自責，而在孩子出生後，也總是生活在不安之中，擔心孩子會不會有個三長兩短。早產兒經常有胎毒等皮膚炎的症狀，而小婷卻總擔心是不是自己害孩子得到過敏。在孩子滿週歲前，小婷經常帶著孩子四處看皮膚科、小兒科等門診，問了醫生原因，醫生也說是季節性濕疹或新生兒的皮膚炎，不是過敏。儘管如此，她仍不肯輕易相信醫生的診斷。

「你知道我受了多大的壓力嗎？不可能的。如果是過敏該怎麼辦？」

不論醫生再怎麼否定，小婷的不安也無法平息。一年多來輾轉各家醫院，最後在某間醫院證實為過敏，才肯罷休。據說那時小婷的丈夫說了一句話：

「讓孩子得到過敏你才甘心嗎？真是的！」

接下來的事情更令人驚訝。在孩子證實為過敏後，小婷的心情竟感到無比輕鬆。

之前許多醫生說不是過敏時，小婷都以「不可能」回應，而在聽到某位醫生說孩子可能是過敏時，她的不安感立刻消失。可說是小婷的不安凌駕了專家的判斷。

「我就知道。果然是這樣。既然醫生都這樣診斷了，接下來只要拿醫院開的軟膏和乳液來塗就可以了吧！」

之後過了一段時間，孩子的過敏症狀消失得無影無蹤。原因之一也在於看過醫生後，小婷便不再關注孩子的皮膚問題。

從小婷試圖透過孩子的症狀紓解不安與罪惡感的案例來看，不難發現我們內在與潛意識的執拗。小婷由於懷孕期間壓力極大，沒能養好胎兒，產後非常擔心孩子會不會出什麼問題，直到醫生診斷是過敏的症狀，才放下心中的大石。**這是因為母親將自身的不安，投射在孩子的身體症狀，一切皆由母親的不安而起。**

如果孕婦只往好的方向想，當然是最好的，問題是事事豈能盡如人意？職場媽媽有職場媽媽必須承受的壓力，而即使是全職媽媽，在各種複雜的關係中，不可能只往好的方向想。母親之於孩子雖然是絕對的存在，但若因此認為「孩子的一切都是我給的」，則是非常危險的想法。小婷的壓力儘管與婆家有關，她也對自己因為壓力而沒有養好胎兒感到自責，不過經過深入分析後，嚴格來說，是小婷利用孩子過敏的症狀，為自己對婆家的憤怒宣洩不滿。

罪惡感也可能帶來負面影響。小婷的罪惡感不僅僅源於懷孕期間所承受的壓力，身為母親的女性，有時會從根本上懷疑自己，對自己產生莫名其妙的罪惡感或羞恥心。而這些存在於我們體內，卻沒有意識到的最根本的不安，正透過身體的各種症狀表現出來，而這些情緒，有時也會透過照顧孩子的行為來抵消。

如果孩子各種毛病從不間斷，母親就必須特別留意。因為母親可能藉由忙著治療孩子的身體症狀，來逃避自己心理上的不安。**如果母親沒有認清自己內心不安的樣貌，孩子可能就必須永遠與這些身體症狀為伍。**

由不安串聯起的母女

在育兒初期階段，有些孩子在與母親分離時，表現出極度強烈的不安。這種症狀稱為「分離焦慮」。一般認為孩子無法接受與母親的分離，不過，如果母親在將孩子送到托兒所或幼稚園時，自己並未感到不安，那麼，孩子反倒容易適應；如果母親認為「我的孩子不能沒有媽媽陪」，在這種情況下，比起孩子的不安，更應該優先檢視母親內心是否存在某種不安。

即使母親心中的不安沒有表現出來，但情緒上的不安，孩子憑感覺就能立刻發現。此時母親心中作用的不安，也可以擴大解釋為女性的不安。這個不安與其說是母親想抓住對孩子的愛戀，不如說是母親身為一名女性，從幼兒期、兒童期乃至於今日所經歷的各種失去與焦慮。

女性戀愛時最容易產生的不安，是「擔心我所愛的人離開我」，這並不是伴侶實際造成的不安，更可能是來自於女性內心深處最根本存在的匱乏。即使結婚之後，進入了家庭這個相對穩定的框架內，女性的不安也無法得到解決，甚至會以孩子的分離焦慮等現象重新出現。

孩子與母親分離的過程儘管困難重重，多數孩子仍必須適應。但是，如果有孩子特別不想和媽媽分開，而為此哭鬧不止，那麼有個問題務必優先檢討，就是母親自己內在的不安。我曾經聽一位老師說過，國小低年級的女孩在學校經常擔心媽媽。媽媽擔心孩子，孩子也擔心媽媽。母親和孩子由不安而建立起緊密的關係，並且努力維持著對彼此的依戀，而形影不離。

身體症狀也是一種語言。所以當我們身體和孩子身體發出聲音時，必須用心傾聽。

不曾被愛過，也能愛人

「孩子不惜放棄自己，
也要找一個安全的保護人。」

發生在孩子身上的問題，不能全部怪罪於母親。儘管如此，母親仍是孩子的全部。

如果母親付出努力想成為好母親，只是為了營造出「好母親的形象」，而不是為了和孩子建立真正良好的關係，那麼，親子關係終將會被「好母親的形象」摧毀。**因為孩子需要的不是好母親，而是專屬於自己的母親。**母親經常對於沒扮演好孩子的母親這個角色而感到自責，卻又會在某個時候強迫自己努力扮演好這個角色。

有個問題需要謹慎處理，那就是自己的努力究竟是為了「建立自以為的好母親形象」，還是真正想和孩子達到情緒上的溝通」。不論母親的人品再怎麼完美，再怎麼願意為所有人犧牲奉獻，只要孩子感受不到和母親獨特的聯繫，母親在孩子的心中就等於缺席。缺乏和母親實質接觸的經驗，將使孩子內心感到空虛，只能不斷轉而追求其他目標。

對孩子而言，母親是照耀自己唯一的光，是絕對的存在。孩子想知道母親的焦點所在，並且讓自己停留在這個焦點上。**尤其女兒更常追隨母親的目光，因此有時討厭父親，有時害怕父親，也有時深愛父親。**換言之，孩子透過母親的目光去認識世界，看見形形色色的人。

為了得到母親的愛而放棄自己

有些母親對待兒子，可以用「因為是男孩」而給予體諒；然而，當同樣的問題發生在女兒身上時，卻提出極其苛刻的要求。例如，女兒若有一點粗魯無禮，母親就會立刻表現出無法置信的態度；或是平時總是想方設法，讓女兒知道自己為她付出了多少努力。這樣的母親，只是以愛為藉口濫用權力。她們甚至在無形之中告訴孩子，如果不肯服從擁有權力的人，以後有可能被淘汰，在孩子心中埋下不安的種子。

當我們談到母親和孩子形成穩定的依戀關係，意思是孩子相信，無論自己做了什麼，母親都不會因此逃避或排斥自己。然而，**一旦這個信任開始動搖，孩子的內心就會被恐懼占據，並且為了贏得母親的關愛而變得百依百順。**如果母親此時無法同理孩子的狀態，並給予保護，孩子最終將會為這段不穩定的關係付出代價。

孩子雖然在生活上處處仰賴母親，不過，當母親愛護他們、保護他們的力量足夠強大，並且願意成為他們的後盾時，孩子們就能做好面對各種困難的準備。在這個世界上，有太多為了得到關愛而不惜犧牲自己，甚至連自己已經滿身傷痕都不知的女性，而在這些女性的內心深處，都有自己母親的影子。

有些人即使長大成人，行為仍然不成熟，只要有人信賴自己，便一副願意為對方赴湯蹈火、在所不惜的樣子。也有女性跟異性交往時，甚至奮不顧身地為對方犧牲、糾纏對方，到了令人匪夷所思的程度。這是她們渴望得到某人絕對保護的訊息；反過來說，**也暗示著本該給予她們最多關愛與保護的父母，尤其是母親，從未給予她們心理上或生理上的保護。**

人們之所以沉迷於宗教，也是相同的原因。所謂宗教，就是永遠保護我、愛護我的神所在的地方。德國心理學家史蒂芬妮．史塔爾（Stefanie Stahl）解釋，有這種問題的人，「甚至不惜犧牲自己部分的主體性去迎合對方」。尤其是孩子，他們不惜放棄自己，也要找一個安全的保護人。因為對孩子而言，安全的保護就等於被愛。可惜的是，儘管他們為了被愛而放棄自己，這個犧牲最終並不能換來他們所期待的。

用愛保障母親的安全

在父親對母親施暴（言語暴力或肢體暴力）時，出面阻擋父親、保護母親的女兒，**有時不是對父母讓自己陷入恐慌感到憤怒，而是對自己沒能保護好母親的脆弱感到自責。**而這些人未來也可能會變得與男性過度競爭，或是試圖控制、壓抑男性。兒時對父親的恐懼，在長大成人後，可能演變為敵視男性、對男性高度警戒，或是在與男性的競爭中爭強好勝的態度。

當孩子從原本「受到保護等於被愛」的想法，轉變為「父母需要我的保護」時，孩子對這個世界或他人的信賴將徹底消失。對孩子而言，有個和關愛需求同等重要的東西，那就是「安全需求」。我們看似只在追求關愛，但因為不穩定的關係而面臨的衝突與痛苦卻也不少。

我們不可能像馬斯洛（Abraham Maslow）的需求層次理論（Need-hierarchy Theory）那樣，依序向上實現每一個階段*即使沒能完成某個階段的課題，仍必須帶著缺憾與不圓滿向上成長。所以，多數時候人們因為安全需求沒有獲得滿足，而無法盡情去愛他人、去過自由自在的生活。

人們總以為安全感必須是他人為我們建立的無形屏障。然而，需要這道屏障的，

＊註：馬斯洛於一九五四年將人類的需求由低至高層次區分為五個階段，依序為生理需求、安全需求、社會需求、自尊需求、自我實現需求。

是兒時的自己。如今我們不再需要由丈夫或孩子為我們建立屏障，自己就是這道屏障。儘管如此，有些母親依舊渴望他人建立的屏障。**明明有能力成為他人的依靠，卻依舊放棄不了對愛的渴望，代表這些人內心依然存在著未被治癒的創傷。**這些錯綜複雜的不安，不斷帶來傷痛與掙扎。「什麼時候才能不被冷漠，又該怎麼做才好？」、「有沒有辦法永遠受到呵護？」這些不安化作痛苦，占據了生命，使我們放不下。為了確保安全的關係，有個令我們不惜承受痛苦也不願放棄的東西，就是「愛」。

當孩子從原本「受到保護等於被愛」的想法，轉變爲「父母需要我的保護」時，孩子對這個世界或他人的信賴將徹底消失。

Chapter 5

父親扮演好父親，母親扮演好母親

——關於母親的伴侶

妻子的態度，丈夫的態度

「真正重要的，
是丈夫在情緒上願意努力理解妻子，
以及妻子能夠體諒丈夫的努力。」

電影《82年生的金智英》上映時曾引起廣大的迴響。當時雖然生活十分忙碌，但我心中仍有非看這部電影不可的使命感。看這部電影時，我並沒有像大眾評論所說的淚流不止，反倒是看著一幕幕鉅細靡遺刻劃著女性現實生活的場景，情緒逐漸平靜下來。

電影將我帶回十多年前，剛生下孩子的時期，三年之間專心照顧著孩子，那是一段各種情感和思緒交錯的歲月。還記得生產後，我大約有整整一個星期每天以淚洗面。或許有人會下最簡單的判斷，認定這就是產後憂鬱症；但在心理諮商的過程中，我才發現這些眼淚的意義既不是產後憂鬱，也不是荷爾蒙作祟。當時，我看著眼前脆弱的小生命，一方面感到喜悅，一方面又悲傷無比，各種錯綜複雜的情緒紛紛浮現，只能不停地哭。有時又陷入整個人像是完全喪失動力般的無力和空虛之中，如同電影中的金智英，時常呆呆地望向窗外。

這部電影的主軸不在於敘述兩性間的問題，而是聚焦在一個人內在隱密的痛苦與矛盾。生產後的女性，無論對自己還是他人而言，意義上都必須主動付出自己的一切。尤其孩子出生後的兩到三年時間，更是母親必須完全放下自己，將自己奉獻給孩子的時期。

對母親的身體與精神資源予取予求，是孩子理所當然的權利。**即便如此，女性在這段期間，身為母親所經歷的心理孤立、失去感、無力感等情緒中，確實存在著更深層、更複雜的問題，這些問題無法用荷爾蒙作祟或產後憂鬱症一概而論。**電影中金智英類似被附身的症狀，就是想利用這個症狀說出過去想說卻被壓抑的話、自己的想法，甚至是不敢對婆婆說出的話。這是一部深刻描繪個人細膩情感與狀態的電影。

妻子與丈夫真正的需求

一整天等著丈夫下班的妻子，難道只是因為照顧孩子太辛苦，才急著把棒子交給丈夫嗎？事實並非如此。妻子的想法不僅僅是「我已經付出了這麼多，你也該做到同樣的程度」、「這不是我一個人的孩子，而是我們的孩子」、「不是你幫我，是我們一起照顧」。就算妻子真的這麼說，多數時候也不知道自己真正要的是什麼，只是隨口說出這些話。

她們所期望的，並非是男性和女性共同分擔家事。因為在這段最無助的時刻，能夠與她們持續溝通、幫助她們脫離孤立感的對象，就只有身旁最親近的丈夫。然而，正因為丈夫無法滿足她們的需求，所以許多女性在這段時間只能高度依賴著婆婆。

丈夫拖著工作一天疲憊的身軀回家，還得面對整天等待自己的妻子和孩子，雙方的生活一樣令人窒息。最重要的是夫妻彼此對於這種身為父母不得不面對的處境，有多麼深刻的體悟，以及雙方是否都有「積極的戰友精神」。在電影中，孔劉是非常貼心、珍惜妻子的男性，金智英身為孔劉的妻子，算是運氣好的。在現實生活中，反而有許多男性在婆媳的戰爭中，選擇疏遠妻子或躲在背後默不吭聲。前來尋求婚姻諮商的丈夫裡，也有不少人不願正視妻子的抱怨與辛勞，甚至告訴妻子：「那妳出去賺錢，孩子我來照顧。」

就像「誰照顧孩子更多」的問題一樣，重點並不在於實質的工作分擔。**真正重要的，是丈夫在情緒上努力理解辛苦照顧孩子的妻子，以及妻子體諒整天被工作壓得喘不過氣，回家後仍盡可能努力照顧孩子的丈夫。**

還記得當年我結束十多年的修道院生活，在所有人的反對下，踏進婚姻，並且在夫妻倆攻讀學位期間生下孩子，過著忙於照顧孩子的婚姻生活。某天，丈夫和同學參加完聚會，順道去棒球場，直到凌晨才回家。那天我從早就被無力感和孤立感包圍，特別難受，因為等丈夫回家等到累了，便和孩子一起沉沉睡去。直到丈夫回家時，我說了句：「今天等你等得好累。」又抱著孩子繼續躺下。

豈料原本低頭看著孩子和我的丈夫，竟然哭了起來。他輕輕撫摸著我的頭，說一想到妻子整天眼神空洞地抱著孩子，等待自己回家，就覺得羞愧得無地自容，感到非常抱歉。當時，不只丈夫哭了，轉身躺下的我也跟著哭了，心裡想著：「過去丈夫和我面對各種困難，都能順利克服，如今為了照顧這個小小的生命，卻過得這麼辛苦！一想到未來還要繼續照顧這個小傢伙，心中只有茫然和恐懼。」

通常留在人們記憶中的，不是「某人有多照顧我，願意和我一起犧牲」，而是「某人有多努力試著理解我的痛苦和無力感」。儘管在此之後，我仍不時會與丈夫發生衝突，但因為我相信丈夫當時的輕撫與真誠的淚水，所以能與丈夫並肩走下去。當然，丈夫那時候尚在酒醉狀態，也可能是因為自己感到委屈而痛哭吧！

懷疑與混亂將我們引向新的人生

產後兩到三年間，是女性心理上最孤立、最憂鬱的時期。一般認為女性生下孩子後，面對孩子心中只有滿滿的感謝與祝福，期盼孩子幸福長大，然而，如此完美的形象不過是社會建構出的幻想。在父權社會中，並非只有女性深受其害；而是女性與男性之間的心理構造天生不同，而這樣的不同遇上亞洲國家獨特的傳統氛圍，而產生了不少受害者。

對產後懷疑自己罹患憂鬱症的女性，說這一切都是荷爾蒙作祟，只要吃藥就能輕鬆改善症狀，應該是最不負責任的一句話。母親一天二十四小時，沒有一分一秒能好好打理自己，必須全心全意地照顧另一個小生命，她們在精神或肉體上必定承受著難以形容的窒息感，即便是自己最寶貝的孩子也一樣。事實上，來到諮商室的許多母親，都是因為感到自我迷思、莫名的恐懼和不安。

這個社會將母性視為女性生而為人的必要條件，把「女人就該……」的各種義務強加在女性的形象上，並且利用這些形象排斥個人。男性也是如此。試想男性背負著多少「男人就應該……」的形象和社會期待，又有多少男性因此沒有意識到自己正被掏空，依舊繼續出賣靈魂給公司？甚至不知道自己已經感到憂鬱，只是沉迷於遊戲和棒球轉播。

無論是男性還是女性，一旦被某個人排擠，或者不被某個形象所接受，當事人終究逃不了淪為弱者、受害者的命運。為什麼我們從未懷疑「女性、母親應該要這樣」、「男性、父親應該要那樣」的許多設定？我們不應該試著懷疑某人賦予我的角色、社會建構的形象，並對此感到困惑嗎？當我們急著迎合這些角色和形象，內心卻依然感到混亂、矛盾時，不該好好想想究竟那是否是我所要的嗎？別人對我的要求，也是我自己真正的渴望嗎？

懷疑與困惑引領我們探尋新的人生。在矛盾與空虛中，深刻的質疑將會帶領我們走向能眞正做自己的地方。

丈夫的缺點，如何成為刺向女兒的匕首？

「母親對丈夫的抱怨、悔恨與不滿，
之於女兒的影響力更勝於兒子。」

你以為的父親形象是什麼樣子的呢？你所熟知的父親是自己的父親，還是母親的丈夫？

母親的話語、態度和非語言的訊息，有時會阻斷父親與女兒的關係，將女兒心中的父親抹去。**許多女兒記憶中的父親，並非自己的父親，而是母親的丈夫。**不少女性在諮商室中，可以笑著訴說自己過得多辛苦，然而，一提到母親便淚水直流。因為想到母親就覺得她的人生多災多難，對母親萬般同情，一時哽咽而說不出話。

我曾經聽過一個有趣的故事。從前有一對父子，從兒子年幼時，父子倆便互看不順眼，整天爭吵不停。在兒子邁入三十歲的某天，父親和母親之間發生了嚴重的口角，隨後母親離家出走一個星期。起初，單獨留在家中的父子倆非常尷尬，後來因為不得已一起吃飯，兩人便逐漸聊了起來。兒子第一次得知父親過去說不出口的煩惱，也理解了父親；父親也知道了兒子過去的辛苦。雖然不像戲劇般的大團圓，但至少是一次了解彼此的機會。多虧母親的短暫離開，意外化解了父子間的矛盾。之後，每當父親和母親爭吵時，兒子總會向後退後一步。與之前總是站在母親這邊，只為母親著想的行為模式完全不同。

「調解人」母親的違規

這則故事不只在某個特定的家庭中上演，而是在我們生活周遭經常可以看見。在父權至上的東方家庭中，母親在父親與孩子之間經常扮演著調解的角色。我小時候也不習慣對父親有話直說，通常都是先告訴母親，母親告訴父親後，再將父親的意見轉達給我。

而父執輩也不知道該如何和子女維持良好關係，所以選擇了最簡單的方式。他們藉由妻子傳話，間接與孩子建立關係，有時出現較複雜的問題時，則讓孩子直接對母親說，不動聲色地將問題拋出來。母親此時別急著站出來為父親和孩子調解，應當退出這樣的角色，讓他們有面對面解決衝突的能力。無論是負面還是正面的問題，都不應該透過母親傳話間接與父親接觸，而應該由雙方自行面對。

有趣的是，當孩子與父親建立關係，維持良好的溝通管道時，有些母親卻會隱隱感到不滿。這是她們潛意識擔心自己在家中的地位會因此而受到動搖，擔心自己在父子之間的存在感會削弱。**當母親對丈夫的不滿較為強烈時，問題會更加嚴重。因為母親的話語、行為和目光等，都會為孩子帶來最直接的影響。**

女兒經常會選擇和父親同類型的男人結婚，換言之，女兒選擇了母親心中理想的男人成為自己的丈夫。在心理諮商的過程中，總能發現有些男性可能不是妻子理想的丈夫，卻是個不錯的父親。儘管母親與父親的問題必須由當事人來解決，仍有許多女兒將這個問題當成自己的問題。奇怪的是，在這個情況下，兒子不是完全站在母親那邊，就是被完全排除在外，這也是由母親的態度所決定的。

母親是孩子第一個接觸的對象，也是無法撼動的對象。無論是好母親，還是壞母親，都沒有例外。**母親對丈夫的不滿，不僅僅將女兒心中父親的位置抹去，最終也介入了女兒未來與男性的關係。**母親較常對女兒吐露對丈夫的抱怨與悔恨，而非兒子，原因何在？這當然是因為女兒比兒子更願意站在母親這邊。

「原來妳都站在爸爸那邊！」

有些母親覺得自己一輩子只有犧牲，不禁對自己的人生感到悲哀，並轉而對女兒發出永無止盡的牢騷：「天下的男人都一樣，沒有哪個男人的話可以相信。」已經長大成人的女兒，即使遇見真正優質的男人，過著幸福的生活，也會因為這番話而開始產生懷疑，並且在自己另一半身上尋找可疑的證據。當她們正和男友或丈夫度過愜意的時光時，也無法享受其中，而是不斷懷疑著：「他會不會也有問題？」只要發現一點點不合理的徵兆，心中便立刻出現這樣的想法：「果然是那樣的嗎？這個男人也是？」最後甚至質問對方：「我就知道，你也一樣！」

面對這個狀況，不能只用一句「母親的話語塑造了女兒內在的信仰」草草帶過。因為母親的話，猶如暗示著女兒無論遇見什麼樣的男人，都不應該幸福。

「原來妳都站在爸爸那邊！妳只知道妳自己！」

當女兒不再對母親敞開心房時，便能經常聽見母親這麼說。她們無論與母親對話或爭吵，最後都只有滿滿的無力感和窒息感。母親的結論似乎都是如此：「既然妳站在爸爸那邊，就不可能和媽媽同一隊了；既然妳不能體諒媽媽，那就是壞女兒。」母親這種溝通模式，無異於認定女兒再也毫無用處，強行結束雙方的矛盾。

為什麼就不能站在爸爸那邊？從女兒的立場來看，父親和母親都是和自己骨肉相連的人；然而在現實生活中，父母卻總是任意要求子女選邊站。正如前面案例所見，不顧選邊站對孩子造成何種影響的母親，仔細分析她們所說的話，不難發現她們心裡只有自己。**一句「原來妳都站在爸爸那邊」，不但讓女兒動彈不得，也將自己放在弱者、受害人的位置上。**

孩子既無法站在父親那邊，也無法站在母親那邊，然而真正的問題在於，夫妻間的爭吵或矛盾總是犧牲孩子，讓孩子非得選邊站。無論是唆使孩子改變丈夫的妻子，還是將扮演妻子情感支柱的角色轉嫁到女兒身上、再悄悄抽離的丈夫，都是一樣的。將女兒當作情緒垃圾桶，不停傾倒丈夫缺點的母親，其實不只是讓女兒接受情緒而已，更可能讓女兒日後在與男性建立正常關係時，困難重重。雖然沒有必要在孩子面前美化父親，但如果母親非得把孩子心中父親的角色抹去，或是將父親塑造成加害者、壞人的形象，那麼，因此受到最大傷害，並得為此付出代價的人，將不是丈夫，而是孩子。

母親隱藏話語的暗示

「都是因為你，我才沒辦法和你爸爸離婚。」相信不少人從小聽著母親這句話長大。母親們是否曾試著了解這句話有多大的殺傷力？在子女耳中，這句話的意思不僅是：「媽媽為你們犧牲，所以你們不可以像爸爸一樣讓我難過，要對我更好。」也隱含了：「如果你們敢對我不好，總有一天我會離婚，丟下你們，你們自己看著辦。」的訊息。**孩子們擔心自己不小心犯了錯，可能會害爸爸、媽媽離婚，只好時時刻刻對母親察言觀色，努力不離開母親的視線。**

身為母親，必須仔細檢視與反省自己所說的話。在這些話語之中，隱藏著渴望與需求，也隱藏著期待與慾望。如果我們正過著相對正常的生活，代表我們順利從沒有語言的幼兒期、只有身體與感受的世界，進入了語言的世界；如果精神狀態依舊停留在語言啟蒙前的世界，將會引發精神分裂等各種心理症狀。

順利進入語言的世界，也代表我們受到語言絕對的控制。語言與人類的身體、精神，終究無法分開來談。其中對孩子具有絕對影響力的，正是「母親的話語」，以及隱藏在話語中有意或無意的含意。

從孩子的發育階段來看，在經過母子緊密相連的嬰兒期後，語言開始進入孩子的腦中，之後在語言的箝制下，孩子的潛意識逐漸形成。對孩子而言，「絕對者」母親所說的話，不僅在孩子的意識淺層形成某種信念，甚至也連帶著影響到意識的底層，激起未知的暗示與衝動。

語言與人類的身體、精神，終究無法分開來談。其中對孩子具有絕對影響力的，正是『母親的話語』。

填補父親空缺的方法

「如果母親沒有象徵性地
對失去丈夫表現悲傷，
子女將代替母親扛起追悼父親的責任。」

一名患有恐懼症（phobia）的女性患者，夜晚關燈後無法入睡。據說她雖然已經年屆四十，但一個人關燈睡覺時，總覺得會有鬼出現，長久以來深受這種恐懼困擾。對她而言，鬼是什麼樣的存在呢？

她所想像的鬼，可能與我們一般所熟知、想像的鬼不同。她心中自有一幅鬼的形象。或許有人會認為，她不過是害怕黑暗，但我們必須站在她個人的角度，去嘗試理解她為什麼一個人處在黑暗之中，會擔心鬼怪的出現，甚至到了無法停止想像的程度。除了恐懼症之外，她也一直生活在竊賊可能隨時侵入單身女子房間的恐懼中，因此導致身體大病小病不斷。

據說在她出生時，父親已經不在人世。她輾轉耳聞的父親，是世界上再也找不到第二個的渣男，生前幾乎不曾待在妻子身旁，留下四個年幼的孩子便撒手人寰。獨自扶養四個子女長大的母親，她的艱苦想必無法用言語形容。然而，母親的表現卻是如此泰然自若，想必是她身為人母的剛強，不願被生活的重擔給壓垮。

達里安．李德爾在《我們為什麼難過？》中說道：「如果母親沒有象徵性地對失去丈夫表現悲傷，子女將代替母親扛起追悼父親的責任。」換言之，**母親不斷逃避丈夫缺席的事實，無形中，將這些情緒、悲傷和恐懼的重擔，自然地轉嫁給子女，尤其是與母親關係最親密的女兒身上。**如果母親即使批評那樣的丈夫，也依然站穩立場，扮演好守護孩子心理的屏障，或許她就不會出現恐懼的症狀，甚至忘不了幽靈父親。

父親與邏各斯

對孩子而言，父親的地位與象徵性，能創造出一個擁有法律、秩序與限制的內在屏障，而這無關父親是否真實存在。這道屏障除了控制之外，當然也發揮了安全與保護的功能。我們不妨用基督教所說的「邏各斯（Logos）」來理解父親的象徵性。基督教中的「邏各斯（Logos）」指的是「言說」，是引導人類恪守為人之道的許多準則。例如，法律與秩序、戒律與標準等。

當語言開始介入孩子的生活，也代表原本只懂得享受快樂的孩子，正式進入了不能再追求快樂與衝動的禁忌階段。在我們所有人的內在，都存在著邏各斯。榮格心理學所說的男性形象——阿尼瑪斯（animus），正是邏各斯。根據榮格的主張，女性內在也存有男性形象的邏各斯。

我們將神稱為「天父」，是指象徵意義下的邏各斯，而非生理男性。天父這個象徵性的存在，猶如提示法律與秩序、標準與道路的邏各斯。因此，即使父親並非真正存在，在母親的話語中，仍同樣隱含著父親的權威；反之，就算父親實際存在，但卻未能發揮父親的功能，子女也同樣會面臨父親的缺席。

恐懼的來源——缺席的父親

母親失去丈夫的痛苦，以及母親獨留在人間的恐懼與怨恨，有如鬼魅般纏著女兒，將她吞噬殆盡。儘管父親已經不在了，然而，透過母親所認識到的父親，卻是一個不惜拋棄妻小去見小三的負心漢。丈夫的背叛與缺席，帶給自己沉重的打擊，卻仍得咬牙苦撐，母親過去這樣的陰影完全籠罩著女兒的人生。於是女兒將自己與母親畫上等號，從此活在擔心得不到丈夫保護的恐懼、痛苦與匱乏之中。

對她而言，與母親的關係儘管也有怨恨，至少母女二人仍有接觸，然而，父親的位置卻留下了「可怕的空白」。她完全沒有意識到自己正藉由恐懼症，反覆證明父親的缺席，並對自己高呼需要父親的保護。換言之，她不是因為父親的缺席而引發恐懼症，而是試圖藉由恐懼症與父親產生連結。在有意識時，恐懼症使她備受折磨；而在潛意識當中，她卻無法輕易放棄恐懼症（父親）。

不過，並非所有恐懼症都能歸因於父親的缺席。在精神分析的觀點上，任何的「泛化（Generalization）」都不被認可。因為每個人的歷史猶如一串密碼，必須完全理解該本人各自的特殊之處，才能解開這個密碼。

去精神科門診求助，也許能得到緩解恐懼症的藥物。但是站在心理分析的立場來看，藥物處方去除了她潛意識中想藉由症狀所留下的父親。重要的是，她透過這個症狀想表達的訊息，而非症狀本身。**她必須在有意識時覺察自己需要父親，以及自己用盡任何方法都想找回父親、與父親在一起，才能避免日後繼續利用恐懼症。**即使藥物成功緩解了症狀，想必她的父親依然會以其他方式出現吧！

透過身心症狀與父親同在的情況，在女性身上則有許多不同表現。例如，無法接受父親罹病去世的女兒，一頭埋入醫學資料中，長時間閱讀與日常生活沒有直接關連的醫學知識，簡直到了走火入魔、無法理解的程度；也有女兒在父親死後，打著要照顧母親的名義與外界斷絕聯繫，陪著母親一起守著父親曾經的位置而不肯離去；甚至有女兒將母親的存在當成空氣，在父親身旁扮演起妻子、女兒的角色，完全放棄自己的人生。

孩子渴望「值得信賴的大人」

反之，也有數不清的男性即使擁有社會地位與學識，卻在家庭中未能發揮身為「邏各斯的父親」的功能。儘管他們在社會上功成名就，或在經濟上達到無需羨慕他人的程度，然而作為父親，他們身上卻沒有孩子可以依賴的標準，也不足以提供孩子能遵守的規範，這是非常不幸的。

首爾佛教研究所大學諮商中心，幾年前曾針對首爾衿川區逃學、逃家的青少年實施援助計畫，我曾經從指導教授那裡輾轉得知計畫結果。據說，這些青少年共同的夢想，並非在經濟上變得富裕或過得幸福，而是「想要成為一個值得信賴的大人」。這個結果令人驚訝，也令人感到羞愧。專攻人類心理、研究精神分析的我，原本也認為學習能力低落與經濟弱勢的孩子，理所當然夢想著經濟上的富裕和安逸，但這僅僅是我的偏見。所有人類內在的需求與省思是如此超乎想像，無論在任何狀況或脈絡下都是如此。

前面提過，「身為邏各斯的父親」並不是指性別上的男性。如果生理男性在家庭中無法扮演好這個功能，孩子將在成長過程中，對此懷抱著不滿、惋惜與責難。然而，這是母親也能勝任的工作。**孩子們期盼在茫然而無所適從時，能有一位帶領自己一步步前進、不迷失方向的大人，亦即「邏各斯」。這個大人不必是多麼厲害、偉大的人，而是值得信賴、能真誠相待的大人。**

如果母親能站穩立場，扮演好守護孩子心理的屏障，或許孩子就不會出現恐懼的症狀，甚至忘不了幽靈父親。

母親向後退，父親向前進

「要將父親放進母親與孩子的兩人關係中，必須先有母親的主動邀請與退讓。」

一位三十多歲的女性，夢見自己在一個晚上換掉了全身的血。在與個案探討夢境的過程中，我發現她的內心深處有個根深柢固的羞恥，而這個羞恥起源於父親。父親在象徵意義上是我們的根源，在社會意義上指的是身分。而這名個案儘管在社會上從事人人稱羨的專業工作，內在仍受到羞恥心的折磨，甚至想藉由夢境換掉自己體內流淌的所有血液，想徹底拔除自己的根。這是因為她渴望能有個為自己加分的父親，同時也對現實人生中的父親感到羞愧。

在她的心中，為何會存在著這種看不見的血統階級呢？這個現象只發生在她一個人身上嗎？儘管她至今比任何人都要努力，也對自己的生活感到相當滿意，然而，這個扎根於潛意識深處對精良血統的慾望，卻無止盡地膨脹，並一再束縛著她。這可能是父母與社會形象造成的結果，而她也可能是父權社會下的犧牲者。

「天空之城」心理學

接下來，我想談談曾經在韓國引起話題的韓劇《天空之城（Sky Castle）》。劇中韓瑞珍（廉晶雅飾）的女兒姜藝瑞，雖然淪為母親慾望下的活祭品，卻也和母親形成緊密的共謀關係。她將母親的慾望視為自己的慾望，試圖以此實現自我。韓瑞珍用盡辦法「洗」身分，也要打造出無可挑剔的孩子。這對企圖透過完美的孩子來滿足自身匱乏、慾望的母親與女兒，毫不保留地展現出對血統的自滿與傲慢。韓瑞珍的慾望繼承自婆婆（鄭愛利飾）的慾望，與之緊密結合，又由女兒藝瑞所繼承，形成一脈相傳。在韓瑞珍的台詞中，有一句話我認為特別有意義：

「只有這樣，我的孩子至少還能過得跟我一樣！」

這裡「跟我一樣」的標準是什麼？這個標準正是他人的目光。但問題在於，她自己的人生被徹底冷落並充滿不安，與她在別人眼中高尚端莊的模樣大不相同。

此外，我曾讀過一篇針對這部韓劇所寫的報導。內容主要批評教育部眼見這齣連續劇如此熱門，卻依然無動於衷，有失職之嫌。雖然完全能理解記者的心情，但並非大聲疾呼改革，社會結構就會產生變化。制度和結構確實需要改進，但即使改變韓國社會的結構，不斷地調整制度，母親們的慾望仍然不會消失。如果不去發掘這些結構背後所流淌的人類慾望，並努力了解自己的慾望，那麼，再如何改革也無濟於事。母性中氣勢驚人的慾望，毫無疑問能穿透任何結構。個人和結構的問題就像莫比烏斯環一般緊密相關，無法分開來談。

母親和孩子難分難捨的關係

與父母們進行諮商時，經常聽見他們這麼說。

「我都是愛孩子才這樣做。」
「我才不是那麼極端的媽媽。」
「像我這樣的媽媽大概找不到了吧。跟別人的媽媽比起來，我……。」

她們是否想過，自己可能就是「別人家的媽媽」。劇中的韓瑞珍，反倒更真誠面對自己的慾望。如果像她一樣赤裸裸地表現自己的慾望，孩子的選擇會更簡單一些，要嘛接受那樣的母親，像藝瑞一樣跟母親站在同一陣線，要嘛走上完全不同的道路。

但是，許多母親內心分明有著無窮無盡的慾望，對外卻極力否認、自欺欺人。身為這種母親的孩子，必然經歷著內在的分裂。這不僅限於學習或課業方面，母親的慾望和孩子之間有著千絲萬縷的關聯。母親經常在潛意識中將自己的慾望投射在孩子身上，悄悄將責任丟給孩子。之後出了問題，母親總會這麼說：

「這不是你要的嗎？你之前說好的耶！」

事情若發展至此，孩子將徹底迷失方向。**身為母親，就算無法自我探索或誠實面**

對自己，至少也要懂得懷疑自己。

在母親與孩子如此緊密的兩人關係中，或者說在以母親的慾望為媒介徹底連結的親子關係中，《天空之城》劇中的父親（鄭俊鎬飾）被完全排除在外。在心理分析的過程中，這個現象是非常重要的線索。**當父親完全無法介入母親和孩子緊密的兩人關係時，孩子將面臨各種精神上的混亂。**換言之，劇中藝瑞展現的，不只是巨大的壓迫與壓力造成的怪異行為、不安及強迫症。當母親的慾望粗暴地吞噬孩子，並且失去自我控制的力量時，代價必定是賠上孩子精神上的症狀。

父親並不一定要實際陪在身旁，只要有象徵父親的聲音或角色介入，就能為母親與孩子的關係帶來平衡，孩子也能延續更健康的精神狀態。然而像藝瑞父親那樣，儘管真實存在，但在母親與孩子的關係中卻像個幽靈一般，在我們身邊可說是不計其數。也有不少父親認為，自己只要負起經濟上的責任，就算是盡了身為父親的義務。然而，單憑父親的力量，是無法將自己放入母親與孩子的關係之；中，這必須先有母親的邀請與退讓。

尋找父親的定位

在許多家庭中，父親並未積極介入母親與孩子的關係，反倒是主動疏遠，甚至獨自享受這種井水不犯河水的清幽，偶爾想起，才突然追問孩子這段時間做了些什麼。有些父親甚至也不管孩子，他不願與孩子、妻子建立對等的關係，只想躲入妻子的保護傘下。這些情況都會讓孩子面臨混亂，使他們不安。當孩子因為與母親關係過於緊密，而無法在心中保留父親的位置，或者被迫成為母親實現慾望的對象時，將會陷入想像中的恐懼，擔心自己是否會遭遇梅蘭妮・克萊恩所說的：「被母親吞噬、撕咬。」

許久前我曾諮商一位女大生，她不斷夢見母親想殺害自己，有時是直接殺害，有時則以象徵的方式。每當此時，她總期盼父親能出面拯救自己，然而，父親不只無法保護自己，就是像幽靈一樣袖手旁觀。

第一次見面時，她看似處於精神分裂的邊緣。女大生的母親實際上是個不錯的母親，只是母女間過於緊密，使她覺得母親帶給自己極大的壓迫感，甚至將母親與諮商師混為一談，誤以為我也有意攻擊她。她時常對諮商師發洩憤怒，前言不對後語，思緒混亂，認為全世界的人都在攻擊自己、折磨自己。心理諮商通常最多三年左右，而這位女大生的諮商卻長達了五年。聽說，後來雖然沒有完全復原，不過已經能適應職場，過著正常的生活了。

為了讓父親找到自己的定位，或者讓父親的聲音、名字找到屬於自己的位置，母親必須懂得適時退出；而要讓母親適時退出，最終仍得回到夫妻之間的關係。

原則上，我不認為夫妻一定得過著和睦相處的理想生活，現實生活中也確實如此。當有了小孩之後，就必須跳脫只有兩人的關係，檢視雙方正營造什麼樣的家庭，目前又處在什麼樣的階段。換言之，**沒有必要為了孩子特地營造和諧的夫妻關係，否則，最終將只會想從孩子身上得到其他回報。**

當然，夫妻生活在同一個屋簷下，又必須養育子女，至少彼此間應當抱著基本的信賴、敞開對話的窗口。唯有如此，孩子才不必背負父母為維持關係而付出代價的責任。此外，夫妻間也應該懂得認清對彼此的需求，並判斷自己是否因此感到滿意或挫折，如此一來，才能避免將這樣的代價轉嫁到孩子身上。

為了讓父親找到自己的定位，或者讓父親的聲音、名字找到屬於自己的位置，母親必須懂得適時退出。

父親扮演好父親，母親扮演好母親

「所謂好的父母，
雖然給予子女充分的機會，
實際上卻是對子女無能為力的父母。」

今日父親在家庭中的功能與地位，確實與過去頗為不同，不過，他們的態度依然沒有太大改變。有些丈夫只關心自己與妻子的關係，對妻子而言，有了孩子之後，情況肯定變得更為尷尬。因為丈夫對妻子有所不滿或氣憤時，並不會直接在妻子面前表現出來，而是會迂迴地將情緒宣洩在孩子身上。表面上看來，夫妻間並沒有矛盾或不合，但孩子卻因此淪為父親的情緒垃圾桶，並因為找不到自己的定位而感到恐懼不安。

最受歡迎的父母，是像朋友般親近的父母。許多女兒羨慕有那種父母的家庭，我雖然能理解，但並不認同。或許我們可以安慰這樣自己，原本在父權結構下受到壓抑的關係，如今總算可以走向更彈性、更自由的關係。而在這樣家庭下長大的孩子，也可能被認為受到更多關愛、更加幸福。這或許是像朋友一樣的雙親形象，所營造出的幸福感。

但是我認為，父親只要接受自己的地位，扮演好父親；母親只要接受自己的地位，扮演好母親，就是最理想的狀態。這裡指的並非權力者的地位，而是指能接受各自的地位不同，以及因不同地位所發揮的功能。**在父母各司其職與合作之下，孩子將能一步步完成個人的設定，並且逐漸發展出屬於自己的形象。**在每個人心中，都擁有渴望探索自我定位的衝動，重點是要能不受到父母的妨礙。

身體長大，內心卻還是孩子的父母

一個在兒時過度匱乏之下成長的男性，婚後對孩子的需求有求必應，甚至超出孩子的需要。當事人也許知道那只是為了彌補自己過去的匱乏，而不當一回事。其實過度提供孩子超出需求的滿足，這種行為背後不只有父母想彌補自己的慾望，還隱藏著某種潛意識的意圖。例如，想透過大量滿足的行為來贏得孩子的好感與喜好，以及想藉此與孩子建立良好的關係，暗中將未能滿足孩子需求的另一半排除在外。孩子此時並非獲得父母的好處，反倒是落入必須付出某些代價（亦即認同父親或母親）的處境中。

人類意識與潛意識的結構，由相當豐富的層次和複雜的慾望組成，也因此，用淺薄的知識判斷陌生人，或是草率的解釋誤判自己與他人，都是相當危險的。地位被調換的孩子該怎麼辦呢？只能逼自己長大。然而，喪失自我定位的孩子，究竟能在什麼地方重新找回自我？

長大成人的女兒，為了照顧好父母，通常沒有意識到當下過的並不是自己所要的生活。這其中包含著不少現實的原因與責任，例如，父母年事已大，或者自己沒有結婚的打算；又或者因為經濟上的原因與丈夫分居，必須將孩子交給娘家照顧，自己外出工作，才能給予父母金錢上的援助等。

在這些原因背後，隱藏著一股與父母有關的力量。父母的關係與態度對我們造成的影響，遠比我們所能察覺到的更深、更大。在這種環境下成長，自己真正渴望的東西、自己真正討厭的東西，都會變得模糊不清。每當此時，我們總會用各種藉口說服自己，停止這場混亂和矛盾。

於是，這些女兒長大成人後，依然耗費大量時間與精力扮演父母眼中的好女兒，結果卻和自己的孩子建立起姊妹或姊弟的關係，而非真正的母親。在許多與父母仍維持緊密關係的家長中，常能看見不少人依然停留在孩子的位置上。

換言之，他們在生理上已經結婚且為人父母，但心理上卻與自己子女站在相同的位置。部分在經濟上仍仰賴父母的成人子女，雖然享受了物質上的安逸，代價卻是成為父母精神上仰賴的對象。更嚴格來說，我們與父母依然維持共生的關係，然而我們的孩子為此付出的心理代價，可能是放棄自己原本的人生。

好的父母是無能的父母

與年輕人進行諮商時，有時也會見到他們的父母。然而，這些子女年紀超過二十歲的父母，態度卻與我和兒童諮商時遇見的父母相去不遠。與家長面談時，話中幾乎都是對子女過度的不安，或是站在父母立場上偏頗的想法與判斷，毫無例外。父母對於子女的狀況過度緊張，通常被當成是對子女的現狀或未來感到憂心，但本質上，其實是父母內在的焦慮。

如果父母心裡有著過多對子女的想像與理想，孩子將難以覺察自己該何去何從，又正往什麼方向去。簡單來說，好的父母雖然給予子女充分的機會，實際上，卻也是對子女而言無能的父母。「無能」在這裡說的並非現實生活中的無能，這些父母儘管**自己過著精采的人生，也給予孩子無限的關愛和機會，態度卻是「我對你的人生無權干涉」，以無為的態度，讓孩子活得更加多采多姿。**

但在現實生活中，卻有更多反面的例子。得不到獨立思考空間的孩子，日後不是繼續依賴父母，就是盡一切努力想討好父母。與其思考孩子的未來如何發展，該如何預備孩子的未來，還不如將時間用在陪伴孩子，將會有更大的幫助。換言之，比起將自己的不安投射在對孩子未來的擔憂，不如反問自己：「我的人生和我的狀態都還好嗎？」才是更有效果的。也許，不少父母會這麼說：

「誰不想那麼做呢？只是情況不允許我們忽視教育和社會的現實啊！」

真的是因為那樣嗎？我想再問一次，是真的了解現實情況，所以才這麼做嗎？是因為自己深刻經歷過教育與社會的現實，還是只想用大家聽起來都會認同的原因，來逃避面對自己真正的需求和慾望呢？

部分在經濟上仍仰賴父母的成人子女，雖然享受了物質上的安逸，代價卻是成爲父母精神上仰賴的對象。

Chapter 6

跳脫母親的身分，活出自我的方法

——關於母親的療癒

丟掉母親，
我才能活下去

「不必裝作若無其事的樣子。
不順遂又如何？過得不好也沒關係。」

在女兒進入青春期的那段時間，我發現自己經常看著女兒年幼時的照片，想再次感受她當時惹人憐愛的模樣。替孩子選購衣服時，也會不知不覺拿起比實際尺寸小一號的衣服，接著，才猛然驚覺：「唉，原來我正經歷著所謂的失落啊……」。

女兒成長的速度比同儕們快，隨著身體發育的成熟，也逐漸擺脫稚氣的模樣，原本臉上可愛、撒嬌的笑容逐漸消失，取而代之的是冷淡與漠然。種種跡象都在對我傳遞一個訊息：「我不再是小孩了。」而我卻沒有意識到這點，還不斷地從記憶中回想她兒時的模樣。這樣的行為，正是我在哀悼女兒的可愛無法倒帶的失落感。

人的一生，就是不停地經歷各種大大小小的失去。有哪些方法適合哀悼這些失落呢？面對即將失去的東西，父母總是採取防守的態度，而非坦然面對。

他們試著在精神方面與孩子建立更緊密的關係，或者與漸行漸遠的孩子製造衝突，例如，指責孩子：「你以前都不會這樣，為什麼現在變了一個人？」否定、批判孩子內在出現的各種變化，進而引起孩子的罪惡感。有些夫妻或家人會一邊回想孩子兒時的模樣，透過聊天，藉此追悼內在的失落；也有父母抱持著感恩的心，接受孩子逐漸長大成人的模樣。

之所以出現「媽寶病」、「公主病」這類詞彙，原因在於父母想繼續抓住孩子。這也是依存關係的另一種面貌。或許我們的一生，就是不斷經歷失去與哀悼的過程。適當地回味失去的東西，可以讓人生輕鬆一點、舒適一點。懂得失去，也是一種守護自我的方式。

利用「不給予」留住孩子——母親的慾望

有許多女兒在準備結婚時，盡可能不造成父母的負擔。她們自始至終不肯接受父母想為女兒張羅一切的心意，只想靠自己的力量。在這個態度下，其實隱藏著想把自己善盡本分的模樣表現給父母看，以藉此得到父母認同自己是好女兒。

她們想向父母證明：「我付出了這麼大的努力，靠自己的力量解決了問題。」此時，若女兒沒能從父母，特別是母親身上得到她所期待的愛意時，女兒心中又會出現另一股鬱悶與委屈。而這樣的情緒將轉移到婆家或婆婆身上，成為加深婆媳矛盾的催化劑。

女兒像這樣犧牲自己、處處讓步，幫忙母親的行為，是基於想被認可的渴望與匱乏，然而，女兒終究無法從母親身上得到，能令自己滿足的認可。這是因為多數女性有一種特性，會利用不完全滿足對方的欲望，來讓對方持續地關注自己。換句話說，母親不會毫無保留地給予女兒想要的認可，以此將女兒留在自己身邊。

人們常說：「生兒子不如生女兒。」從盡孝的角度來看，女兒比起兒子，會更仔細地照顧母親。然而，為何相對來說，得到母親較多關愛與支持的兒子，卻會不如女兒呢？難道只是因為兒子是男人，或是因為兒子在結婚後眼裡只有妻子嗎？這樣的行為模式，其實是錯綜複雜的，我們不能單純地用「家人之間的愛」來理解。這句話的意思，並不是要大家拋棄、忽視家人之間的愛，**而是要大家真正地放下對方，領悟各自的人生該怎麼活，才能繼續走下去。**

徹底失去，才能重新填滿

天主教的喪葬禮儀相當莊嚴。從教徒二十四小時輪流以唱頌的方式為亡者禱告，一直到最後的彌撒與入殮，整個過程由高度系統化的儀式所組成。這是一段生者送走亡者的追悼過程。

天主教徒為亡者唱誦的祈禱文，是呼喊已經逝去的聖人之名，請求他們為亡者祈禱。「聖彌額爾，請為○○○祈禱吧！」這樣的呼喊，一方面代表著將亡者託付給聖人；一方面從託付的相反意義來看，也有象徵從今亡者與生者分道揚鑣的意思。這段分離與追悼的過程，目的在於送亡者前往該去的地方，也使生者回到正常生活的軌道，不讓亡者繼續影響活著的人。

傳統為期七天的喪禮，一般會在靈堂接待弔唁親友、唸經、入棺，以及進行送走亡者的出殯儀式。與其說這一切過程是為了亡者，不如說是為生者象徵性舉辦的活動，以此給予生者充裕的時間與亡者告別。經由象徵性的儀式，充分消化對死亡與失去的情緒後，它們將不再進入人們的內在，而成為牽掛。

不僅是真正的死亡，在日常生活中，我們也經歷著各種不同程度的失去。為了逃避這些實際喪失而引發的心理失落感，往往會導致身體出現各種症狀。人們常說：「分手後的空缺，要等遇見下一個人才能填補。」這句話我無法認同，因為這句話表現了「我不願意承認空虛、匱乏」的態度。和某人分手而感到痛苦，這是理所當然的現象。某個人曾經進入我們的內心，離開後留下了空缺，當冷風吹過，自然會感到寒冷、悲傷。與其逃避這樣的痛苦，不如徹底經歷，才能看見不同於以往的自己。

過得不好也沒關係

為什麼不可以難過？我的孩子為什麼不能離開我？就連手指受傷到傷口癒合為止，都得忍受傷口的痛；同樣的，**對於我們內心曾經歷的悲傷，如果能採取更坦然的態度面對，反而能極大化的降低失落的痛苦感受**。經歷青春期後長大成人的子女，帶給父母的失落與孤獨，如果能在接納這些情緒之前，先將焦點轉向自己，正視自己內在浮現的空虛感，將更有機會讓自己過得比想像中的好。

在進行諮商時，我經常能看見個案努力表現出自己正在好轉的模樣。人類總在本能上想逃避不自在的感受，所以他們想盡快忘卻、擺脫負面情緒的行為，也是理所當然的。不過，這時我總會這麼說：

「不必裝作若無其事的樣子。有點不順遂又如何？過得不好也沒關係。」

接著他們的反應往往會是如此：

「是呀！我太努力想要看起來沒事，反而看起來更不好了。唉，就算過得不好，也沒有關係對吧！」

像這樣允許自己暫時處於失落的狀態，也很不錯。

適當地緬懷失去的東西，可以讓人生輕鬆一點、舒適一點。懂得失去，也是一種守護自我的方式。

如何讓母親的眼神充滿關愛

「別勉強孩子打開心扉，耐心等待自然會開啟，只是父母經常錯過孩子敞開心扉的時機。」

有位女性每次坐在諮商室的椅子上，對話進行到一半時，總會忽然哽咽，哭個不停。當我問她為何哭泣時，多數時候她回答：「不知道，只要坐在這個位置，我就會想哭。」她說來諮商室的路上也沒有特別的情緒，不知道為什麼坐在這裡就想哭。

為什麼呢？即使諮商師沒有特別的反應或回饋，她依然哭個不停，原因究竟是什麼？我想，原因或許在於「注視」。在家庭或社會中不斷被排擠的女性，她們有機會去感受別人對自己的重視嗎？我所做的，不過是全心全意地看著她們，陪在她們身邊。也許他人關注自己的目光，就能讓人們內心產生某種無形的觸動。

「三秒母親」的關愛方法

國中一年級的女兒經常這麼說：

「和媽媽相愛的感覺，只在我們見面時的前三秒而已。」

結束一天工作後，回家看見孩子，我總像每天一早見面時，開心又激動，急著跑上前去對她又親又抱。但是，接著便開始嘮叨拌嘴。所以我盡最大的努力，不和孩子太過親密，因為這樣除了可避免自己太累，又能好好愛著孩子。我非常喜歡站在若即若離的距離看著她。

女兒似乎也非常喜歡母親悄悄注視自己的目光，因為她知道母親的眼神裡充滿了關愛。透過母親的目光，她知道自己是非常惹人憐愛的孩子。從遠處看著孩子，必然是最完美的。然而，因為漂亮、可愛而忍不住靠近、伸手撫摸、輕捏孩子的臉龐，並與她開始對話後，母女倆的和平就結束了。

越是靠近女兒，越能看見女兒有數百種令自己不滿的地方，從生活習慣到個性都有。越是不滿意女兒，就越需要每天努力回想女兒的優點和可愛的感覺。所以在進家門前，我總會想著孩子可愛的臉頰和身上不那麼清新的味道。這也是我每天不斷重複，又不斷遭受挫折的日常。

母親充滿關愛的注視，能使孩子確信自己是值得被愛的人，這是所有人類自信的根源。但是充滿愛的眼神無法勉強，所有人都能透過親身體驗了解到這個事實。若沒有與孩子在應該保持適當的心理與實際距離時，**而太過親近，是絕對無法以愛的眼神注視孩子的。保持距離，是維持關愛的一種技巧。**只要母親願意持續探索自己的不安與慾望，不停止思考，絕對能創造出這樣的距離。

保持愛的距離

不只是孩子的學習問題，我對孩子的私生活也一概不干涉。不是因為我自己有一套教育哲學或信念，更不是因為我是心理專家，而是因為我太了解越是干涉孩子，就越難以控制自己的情緒。我也很清楚知道自己是個會因此失控，而把自己的慾望轉嫁到孩子身上，並且告訴孩子「這一切都是為你好」的母親。

如果能成為孩子眼中出色又穩重的母親，當然是最好的，不過若是辦不到，也不必刻意隱藏。不妨保持距離，在一旁關心孩子的學習與生活，偶爾在餐桌上和孩子聊聊日常的話題。但請忍住心中千萬個不滿，偶爾提起自己的經驗，進而提醒孩子就好，多數時候只需要從旁觀察。

不過，當孩子希望對話，或者希望母親接納自己的情緒時，請努力向孩子展現自己永遠開放與等待的態度。最常見的表達方式，當然是「嗯，說出來也沒關係。」、「說說看吧！說什麼都可以……」當孩子感受到母親願意接納真實的自己，是唯一不給予任何評論或判斷的人時，他們將帶著十足的信心，在安全感之下解決一切問題，找出自己的道路。只要母親相信孩子，以堅定沉穩的態度面對，孩子將能成長為善於處理傷痛的人，而不再是害怕受到傷害的人。

當然，也有一些孩子對母親的目光感到侷促不安。他人的注視雖然能讓人正視自我，進而穩定情緒，不過，對於內在有著強烈不安的人而言，卻可能帶來無以名狀的恐懼。尤其當孩子進入青春期、逐漸長大，祕密也隨之增加，自然而然會想逃離母親的目光。

問題是，這樣的分離感反倒是母親最難忍受的。因為母親喜歡孩子將一切都鉅細靡遺地告訴自己，並且安慰自己「沒有祕密的孩子才是好孩子」。然而，「沒有祕密」並非孩子想要的，而是母親自己的期望。

當孩子開始關上心扉、沉默不語，代表孩子想要從被父母支配的狀態中脫離，轉而使用自己的語言。此時最重要的，是父母願意接納這個過程的態度。不必勉強孩子打開深鎖的心扉，只要耐心等待，自然就會開啟，只是父母經常錯過孩子敞開心扉的時機。

缺乏穩定關愛的父母，將轉而向孩子索愛

置身於母親目光之外，就是從小被排除在母親關愛之外的孩子（無論是母親於暗中或公然排擠），長大成人後，必然轉向另一半索求關愛，甚至在結婚生子後，將此需求延續到孩子身上。他們所說的話，表面上看似是為人父母理所當然會講的，實際上，卻是向孩子過度索愛。例如，引導孩子說出：「我永遠不會離開爸爸、媽媽」，或是半開玩笑半認真地要求孩子：「以後長大了，也要像現在一樣愛爸爸、媽媽喔！」

父母們明知這種要求毫無意義，卻又無法自拔。**像這樣原本該扮演給予關愛的角色，卻反過來向孩子要求關愛的父母，很可能就是在缺乏穩定關係的環境下長大。**他們不容易與旁人建立親密的關係，也不輕易向人敞開心房或要求關愛。

反之，他們將子女視為不會拋棄自己或冷落自己的絕對弱者。所以，在其他人面前成熟穩重的他們，一旦站在子女面前，原本瑟縮在潛意識裡的匱乏小孩便立刻跳出

來，毫無限度地、明目張膽地向子女索求。孩子因無法拒絕父母，而被緊緊束縛著。

因為對孩子而言，父母是唯一能給予自己關愛的掌權者。

母親充滿關愛的注視，使孩子確信自己是值得被愛的人，這是所有人類自信的根源。

給予兒時母親渴望的東西

「愛，是給予我所缺乏的東西。
過度給予他人自己過去渴望獲得的東西，
更可能累積憤怒與怨恨。」

女兒有時會抱怨學校朋友的問題解決不了，或是對班上男同學粗魯的言行無可奈何而備感挫折。此時，我一定會認真與孩子對話。我會聆聽孩子感到不舒服的情緒直到深夜，和孩子一起探索她未能察覺到的個人情緒，或是告訴她小時候的媽媽遇到類似情況會如何處理，同理孩子目前遭遇的困境。

孩子如果知道母親也有過與自己類似的經驗，便可獲得安慰。像這樣和孩子促膝長談，孩子便能在不知不覺中冷靜下來。這樣的對話日後會不斷上演，多虧如此，女兒似乎從中逐漸找到了自信，知道自己承受壓力時，可以和媽媽聊天。然而，對母親而言，這個過程其實相當累人，有時甚至會忍不住想催促孩子。也會想責罵孩子，問孩子：「同樣的問題究竟要到什麼時候才肯解決？」如果母親和孩子談話到一半，覺得厭倦或克制不了情緒時，不妨先停下來做些簡單的家事，再繼續對話也無妨。我女兒有時候也會這麼說：

「媽媽，我現在心情好很多了，如果明天又覺得很煩的話，該怎麼辦？」此時，我一定會告訴她：「沒關係，媽媽永遠會像現在一樣聽妳訴苦，也會和妳一起聊聊。」

說完這句話後，我總能看見孩子逐漸沉靜、穩定的模樣，一方面感到慶幸與感恩，一方面內心深處也會突然羨慕起女兒。雖然這樣的想法很可笑，不過，我的心裡難免會這麼想：

「我自己的媽媽未曾這樣安慰過我，我也想要媽媽像這樣和我無話不談。我都沒有得到這樣的對待，總是一個人感受著孤單……。」

為孩子付出的同時，又羨慕著孩子，這種複雜的情緒究竟代表什麼呢？如此羨慕的心情，正是心中對與女兒年齡相近的兒時自我所發出的情緒。一方面認為為人母親理當負起保護子女的責任，另一方面又隱隱感到羡慕，這並非是身為一名母親對子女產生的情緒，而是兒時的自己所產生的憐惜。

如果你也是這樣，**在滿足孩子的需求後，請獨自一人靜靜地為兒時的自我追悼，為她渴望與等待那樣的母親卻落空的心情悼念。**「原來是這樣，所以我才會這麼痛苦。」輕聲對兒時的自己這麼說，並給予安慰與鼓勵。這也是自我覺醒的瞬間，認知到自己兒時對母親的期待原來是如此。孩子有時會從母親身上尋找安全感，然而，最重要的莫過於母親努力和自己一起挺過目前困境的態度，而這樣的態度能使他們感受到愛。也就是說，只解決孩子的壓力並非是最重要的。

認識兒時的自我匱乏

長大後的我們，經常將自己兒時渴望從母親身上聽到的話、得到的照顧，原原本

本地傾注在子女身上。從這樣的行為中，不難看出自己過去是因為得不到什麼而痛苦，以及自己真正渴求的事物。也正因為透過這樣的過程，我們才能獲得療癒。想給孩子自己兒時得不到且現在匱乏的東西，必須先清楚知道自己過去真正想要的是什麼，以及曾經渴望得到什麼。即使過去得不到而產生匱乏，只要具體明白自己所缺乏的，就能給予孩子。透過給予的過程，接受者與給予者（我）都能彼此得到療癒。

常聽到有些人說：「我就是沒人疼才這樣。」、「我就是受到太多傷害才這樣。」說自己不得人疼，或者受到太多傷害的說法，只是找藉口為自己脫罪罷了。他們宣稱自己得不到與學不會的，沒辦法給別人，甚至即使有能力給予，也不願意付出。聽起來，就像過去得不到滿足而依舊處於憤怒狀態的自我，在大聲呼喊著：「我自己都得不到了，你憑什麼向我要？」

拉岡說：「愛，是給我所沒有的東西。」所以那種「我自己都沒有了，叫我拿什麼給你？」的反應和抗拒，其實只是大人內在小孩所發出的呼喊。那個兒時自我因為沒有被徹底追悼，而被永遠停留在某個時間點。

這個由匱乏、挫折、孤獨與怨恨等情緒所組成的鬱結，依然停留在十年前、二十年前、三十年前最初的模樣，同時摧毀著現在的自己，阻礙我們未來的人生。兒時自我的呼喊之所以不斷出現，卻又沒有停止的一天，原因就在於我們沒有清楚了解自己的需求。因為不了解，所以才無法解套，只能不斷對家人或旁人提出不合理的要求。問題是連自己都不清楚的要求，對方又怎麼會知道呢？

愛，究竟是為了誰？

有時父母會過度給予孩子關愛，藉此證明自己的地位或補償潛意識中的不安。其實給予他人自己過去所渴望的東西，不僅無法達到治癒效果，更可能累積憤怒與怨恨。這是因為他們不知道自己付出的行為究竟是為了誰，又是為了什麼而做。若以這種方式犧牲與付出真心，卻得不到同等的回報時，當事人將深感絕望，並因此憤怒不已。如果父母付出照顧的行為無法療癒自己，反倒只是消耗自己時，不妨稍微停下腳步，問問自己，付出照顧的行為背後，存在著什麼樣的期待與要求？又是否具有某些潛意識中的意圖？

如果付出是為了眼前的那個人，而非源自於心理上的依賴，那麼，即使沒有得到對方同等的回報，也不必因此感到難過。但是，如果這個付出是向對方索取自己渴望獲得的；又或者這個照顧是想讓對方離不開自己的另一種手段，那麼，付出心力的我們，必然會深陷在挫折、絕望與悲傷的循環之中。更準確地說，這種付出是把對方當成鏡子，藉由為對方付出而回饋到自己身上。被我們當作鏡子的對方，並不會為此感激，反而會產生微妙的疏離感。甚至到最後，對方只會替自己喊冤：「我什麼時候要你那麼做了？不是你自願的嗎？」

最重要的莫過於母親努力和自己一起挺過目前困境的態度，而這樣的態度能使他們感受到愛。

跳脫女性的身分，回到個人

「最自我的風格，是最有女人味的。」

與四十歲後半的辰艾進行諮商期間，發生了一件有趣的事。在開始諮商後一年多的某天，辰艾發來簡訊，說自己現在滿腦子覺得全世界的人都在騙她，讓她身心俱疲，需要立刻進行諮商。我把原本預定和辰艾見面的時間提前了幾天，趕緊安排見面。辰艾一坐到諮商室的椅子，便立刻打開話匣子。

原來上次諮商結束後，她正要從地下停車場開車出來，不幸發生了擦撞意外。由於後車門嚴重變形，保險公司和拖吊車也趕到現場處理，情況相當混亂。當天抵達現場的拖吊車司機還說：「這個狀況很嚴重。」保險公司業務員在看過現場後，解釋過失責任為八比二，收拾差不多便隨即離開。後來在與修車廠老闆聊天時，辰艾說自己覺得有些委屈：「明明是對方來撞我的車，我還要付兩成的過失責任，太不公平了。」聽完後，老闆回答：「大概看妳是女生才這樣吧！」

後來車子送往更大的修車廠，在修理期間，男性肇事者與車廠老闆瞞著辰艾達成協議，降低修車預算，而這件事她是到了後來才知道。辰艾懷疑這些人想坑自己，心中的不安感越發強烈。她滿腦子想著：「第一間修車廠老闆說因為我是女生好欺負，他們應該也是這樣看我的吧？」於是在處理事故的過程中，她始終被「所有人都想騙我」的想法籠罩。一來，肇事者只和修車廠聯絡，想盡辦法要降低修車預算；二來，不理解受害的自己為何還得負擔兩成的責任。辰艾越想越委屈，開始出現奇怪的想法，認為世界上所有人都想欺騙自己，覺察到這樣的她，便趕緊連絡我。

聽完這一連串的事件後，我和辰艾先將重點放在她過去的經驗，看看她在精神上或現實中是否曾受到壓迫，再回歸到這件事上。發現這次事件對她造成的實際傷害，幾乎是沒有。我們也發現她這次與過去不同，並沒有傻傻地被別人牽著走，而是步步為營，想確保自己的權利與應當受到的保護，也發現了辰艾主觀上的受害感，與現實生活有著相當大的差距。原本我們正試著釐清實際狀況與她所感受到的現實之間的關聯，並慢慢向內在探索，然而，就在她談起一場夢境之後，一切開始變得不同。

對女人而言，何謂女人？

在夢中，一個類似木製珠寶盒的盒子中裝滿了蚯蚓，周圍有汙濁的積水。辰艾還想著，盒子兩旁雖然只有汙濁的淺水，不過只要有水，蚯蚓還是能活下來。不料隨著盒子的縫隙逐漸裂開，一隻兩隻蚯蚓爬了出來，而爬出來的蚯蚓瞬間變大，辰艾也因此從夢中驚醒。

聽著這個夢境，我開始對辰艾的性生活感到好奇。我懷疑在這個夢境中，隱含著非常直接的「性」的訊息。四十歲後半的辰艾已停經將近一年，她說自己幾乎沒有性方面的需求，和丈夫也沒有再發生性關係。她平常忙著緊盯就讀高三的小女兒學習狀況和家中的大小事，人際交往也非常貧乏。於是，我和辰艾聊起她覺得自己特別有女人味的地方，又問她是否曾發現過這件事。

女性本身的性慾，不是只表現在對性的渴望，而且女性抒發性慾的方式非常多元，但如果沒有特別表現出需求，她們的性能量是否會逐漸削弱而消失呢？不會的。女性可以感受親密的管道相當廣泛，例如，一句溫柔的話、輕輕撫摸後背的手掌、溫暖的目光等。不過，也同樣容易因為各種原因而受挫。

在仔細分析完上次發生的擦撞意外，以及自己當下的狀態後，辰艾看見了那個單方面受害而不知所措，只能止步在原地的脆弱少女。當時那個被保險業務員等人包圍，恐懼而發抖的柔弱女子（也就是她自己），因修車廠老闆一句「因為是女生」，而喚醒了沉睡在辰艾心中身為女人的感覺。換言之，是身為女人的事實刺激了辰艾的感覺，使她當晚做了珠寶盒內滿是蚯蚓的夢。

當發現對話往非常有趣的方向發展後，我對辰艾這麼說：「所以您趕緊來找我，真是對了。這樣我們才有機會再去看看那個讓你重新感受到身為女人的現場啊！」

辰艾瞬間受到極大的衝擊，接著轉為極力贊同，她的情緒在衝擊與喜悅之間反覆。辰艾和坐在她面前的我，不禁大笑出聲。

「醫生，看來我得再去地下停車場看看了。我作夢也沒想到，真的是如您所說的樣子。怎麼會有這種事呢！」

步出諮商室的辰艾，不久後發來訊息：「醫生，我去地下停車場轉了一圈，果真是修車廠老闆和拖吊車司機提醒我身為女人的事實。」

接著，另一則訊息更讓我驚訝。她說擦撞意外發生之後，有如閃電般立刻趕來現場的年輕拖吊車司機，在她眼中就像是來拯救自己的守護者。司機像哄孩子一般，把她照護得無微不至，並且親切地將自己送往目的地。在他的貼心舉動中，辰艾深刻感受到自己曾經一度遺忘的、被人呵護的感受，以及在拯救自己的強壯男性面前，身為一名女性的事實。看著拖吊車司機細心地照顧事故的汽車和自己，辰艾在被送回家的路上，甚至一度想與拖吊車司機來場說走就走的旅行。

我和辰艾都同意，她內心的女性慾望想要再次感受那短暫而強烈的悸動。所以透過身體的症狀與精神上的不安，引導著辰艾盡快重新回到意外發生的現場。

最自我的風格，就是最有女人味的

對女人而言，如何檢視自身的女性特質，是非常重要的。比起生死問題，女性所面臨更重要的課題，也許就是「我是不是女人」。

許多受父權及傳統束縛的女性，她們檢視自身女性特質最簡單的方法，便是透過自己在男性目光中的容貌，以及在男性言語中的形象。所以，即使明知他們說的是花言巧語，也仍心甘情願被耍得團團轉。而當男性投向自己的目光和話語逐漸減少時，她們能夠證明自己是女人的方法也隨之減少。

如果不想透過他人的目光和話語來肯定自己，或者當男性目光不復存在時，還有其他方法可以證明自己是女人嗎？那時的我們還能以一位貨真價實的女性，過著滿意的生活嗎？當然，我個人主張比起「女性」的身分，我們更應該去尋找作為「一個人」本該有的滿足，以此來面對未來的生活。

電影《寄生上流》導演奉俊昊在他的得獎感言中，因引用馬丁・史柯西斯（Martin Scorsese）說過的話，一時蔚為話題：「最個人的想法，就是最有創意的。」

我想換個方式說：「最自我的風格，就是最有女人味的。」

一位終其一生奉獻職場的七十多歲傑出女性，在深入探索自我後，發現自己內在的性慾已經被埋藏了好長一段時間。我也聽說過一些個案，好不容易看清自己真正的需求，卻窮盡心力去尋找能滿足自己需求的對象。聽到這些狀況的當下，我的內心總會發出一聲嘆息，因為在我看來，能發現自己內在的需求已經相當不容易了，只是她們解決的方法仍然不夠成熟。

年長女性自由享受性愛，並非怪異或壞事，但是一想到她們盲目地尋找對象，我便無法完全贊同。「內在的性慾一定要透過性行為解放」或是「只要釋放性慾，一切需求都能得到解決」，這樣的想法太過淺白。**如果非得透過男性的目光來證明自己的魅力，才算是女人，這種美麗終究無法長久。**

在決定論文主題的一場訪談中，有位美麗的女性曾對我說：「人家不都說女人上了年紀就是罪嘛！」

對我而言，這句話是相當令人震驚的。我不禁嘆息，為什麼女性特質和母性，總是要被限制在這種肉體和性的框架之中？也有不少女性放棄從男性目光來證明自己，轉而向子女傾注大量的母愛，想藉此證明自己。

除了這些方法，我們還有非常多可以走出自己道路的選擇。

所謂的「獨立自主」

佛洛伊德說：「愛是由彼此的匱乏所創造，源於相信對方能滿足自身匱乏的投射。」他也說，唯有能自我滿足，才能真正地愛人。換言之，不必依賴他人，而能自給自足時，才有能力真正付出關愛。即使得不到任何回饋，也有足夠的勇氣相信自己，維持平靜且從容的態度。

我自己在接受精神分析的過程中，也特別留意這個部分。並不是因為期待會有多了不起的變化，或是想藉此發掘正向的自己。

我開始相信自己的時刻，反倒是在我沒有任何人可以依靠的時候。在人生最黑暗的時刻、在我以為一切的支撐都消失不見的時刻、在唯一可以信任的只有自己的時刻，我才得以看見最真實的自我。那時的我，並不是充滿自信且勇往直前的最佳狀態，反倒是意志搖擺、深感恐懼與不安的模樣。

所謂的「獨立自主」，不是指實質上的獨立或經濟上的自立，而是指能夠成為自我滿足的人，從此不再將自己的快樂與自我滿足的權力拱手讓人。唯有如此，才能不再害怕挫折，也才能愛上孤獨。

「愛是由彼此的匱乏所創造，源於相信對方能滿足自身匱乏的投射。」

——佛洛伊德

如何愛上無聊的日常

「細看方知美麗，久看才解可愛。
你也是如此。」

依賴性強的人經常說的話，少不了這句：「我的能力不夠。」看似是一句看輕自己、妄自菲薄的話，而聽到的人，也總是急忙丟出鼓勵與安慰：「怎麼會這樣想呢？」、「你要好好愛自己、照顧自己！」、「才不是那樣的。」然而，我們實在有必要好好思考這些話。

我過去在閱讀時，偶爾會讀到令人驚豔的句子。這些句子在修道院生活時尚未思考清楚，直到後來我學習了精神分析，並且嘗試自我探索後，才逐漸理解了背後的含意，相當有趣。

在義大利哲學家兼評論家喬治·阿甘本（Giorgio Agambe）的《詩節：西方文化中的詞與魅影》*一書中，可以看見中世紀修道者借用「正午來訪的惡靈」一詞，來形容修道院生活中充斥的無力感。「竟然說懶惰是惡靈。」從心理上來看，兩者似乎有著深刻的關聯，我也讀得津津有味，「原來中世紀的教父們，是用這種方式來形容懶惰的。」書中接著說道。

「正午來訪的惡靈（懶惰），將強迫症植入修道者的腦中，使其發揮詭異的想像。這個想像使修道者心懷醜惡之事，為無力感所籠罩，變得心神不寧，進而無法專注於學習。」於是抱怨和不滿日漸增加，修道者開始一邊嘆氣，一邊擔心自己的靈魂無能為力。最後演變成生活日復一日，腦中空空如也的情況。同時變得好高騖遠，卻對眼前可以立刻執行的事情感到厭煩。

這裡所說的「懶惰和無力」，與現代心理學中的各種憂鬱症狀雷同。憂鬱雖然有被某種力量控制，因而無法擺脫無力狀態的深層問題，卻也有選擇性採取負面手段來攻擊自己的傾向。嘴上說著擔心自己無能為力，實際上也可能是什麼都不想做。

＊註：原書英譯本為《Stanzas Word and Phantasm in Western Culture》，無中譯本。

在情緒上的懶惰與身體上的勤奮之間

正如阿甘本在書中所說：「懶惰源於希臘文的無心」。讀到這段，我不禁拍了一下大腿，就是這個！人際相處時發生的許多問題，尤其是親子之間，都與「無心」於細微的小事有關。我們必須先思考什麼是「關心」，以為已經付出足夠關心的人，在經過思考後，或許不難發現自己也只是關注自己有興趣的部分而已。

在這當中，也包含了投機取巧。努力是努力，不過，也可以用稍微懶惰的方法努力。依賴與投機取巧的另一面，有著極其相似之處。母親若要全神貫注在孩子的要求與狀態，是非常耗費精神的。如果用更簡單的方法來解釋，可以說無心的母親等於懶惰的母親，不過，這並非是指實際上的懶惰，而是情緒上的懶惰，是「想方設法減少付出關注的態度」。

這和身體上的勤奮不可混為一談。弔詭的是，許多人正過著勤奮卻又懶惰的生活。我們為了遠離自己，或者為了逃避自我思索，反倒以極度的勤奮，也就是身體上的犧牲自處。

詩人羅泰柱有一首家喻戶曉的詩——〈野花〉。

「細看方知美麗，久看才解可愛。你也是如此。」

想要全神貫注地細看、久看對方，我們得先達到什麼樣的境界？

一向溫柔的母親真的愛我嗎？

有位女性個案曾告訴我，她深愛也依戀著一向溫柔善良且優柔寡斷的母親，但是卻不明白自己明明得到了那樣的愛，為何會淪落到必須接受精神分析的地步。

在諮商的過程中，她提起母親，越發現母親的善良其實是疏忽與無心，也對於自己說出這樣的事實深受打擊。雖然母親平時溫和謙讓，總是選擇容忍，但實際上，卻從不過問子女的想法，也完全不想過問或試著了解子女正經歷什麼樣的困難。

她說得越多，心理諮商師問的問題越具體，越是發現自己一直以來感受不到母親絲毫的關心，並對此深受打擊。接著，她突然對自己丟出這樣的問題：「那麼，媽媽究竟把心思放在什麼地方？她到底人在哪裡？」

並不是勉強自己努力，就能真正關心子女的一舉一動。我想把這種無微不至的關注，改稱為「愛」。只有腦中只想到自己的時候、心思沒有放在外界的時候，以及不被自己的憂慮、不安、想像所控制的時候，才會對外界毫不在意。

努力想在某人面前表現，或是意識到他人的目光而刻意付出關注，都只會讓努力的方向轉往莫名的地方。對他人的關注，必須與為他人無私奉獻有所區別。**因為當我們對某人付出的關心勝過自己時，代表想藉由對方來證明自己的慾望更為強烈**。唯有不喪失對自己的愛，才能理智地決定付出的優先順序，也才能無微不至的付出。換言之，當自己內心有個堅定不移的標準時，這一切才有可能發生。

從懶惰邁向愛

長年從事精神分析，我自然而然養成了觀察入微的態度。有趣的是，即使是平時不怎麼被重視的一些家庭瑣事，或是料理的步驟，我也開始留意。這樣的感覺，與被迫關注自己必須承擔的角色頗為不同，因為這些小事是我主動關心的。

我喜歡在辦公室泡拿鐵，雖然整個過程非常繁瑣。要先沖咖啡（雖然是咖啡機）、打奶泡，再清洗咖啡機、擦乾奶泡機，結束一連串複雜的程序後，才能獲得一杯拿鐵。但這些過程並不令我厭煩，反倒像是一種儀式感讓我感到快樂。

這種喜悅不僅能從事物上感受到，對於他人，尤其是身旁親近的人，也能發現關注的目光逐漸改變。一位曾經一起共事過的女同事，說自己原本忙於工作，覺得洗澡太麻煩，總是草草了事。某天，發現自己將浴缸放滿水，倒進精油後，舒適地享受沐浴，不禁開懷大笑。

套用上述中世紀教父的說法，這可以說是從「懶惰邁向愛的過程」。專注於自己，便能留心身邊事物與周遭情況。換言之，懶惰是無法愛人的狀態，而無心則是缺乏愛的狀態。所以，**懶惰和疏忽會讓人變成無能為力的人，同時也是人們逃避實踐與付諸行動的手段**。

懶惰不只是身體上的懶散，更是逃避自我的行為。如果連細微瑣事都難以全神貫注，那麼，你很可能是被潛意識的某個地方、某個事物所蒙蔽了。

> 唯有不喪失對自己的愛，才能理智地決定付出的優先順序，也才能無微不至的付出。

遇見全新的我

「我們無法回到負面記憶出現前的狀態，
但是絕對能帶著這些傷痛
進行自我療癒。」

有時我們孤軍奮鬥，努力付出一切，卻在某一瞬間停下腳步時，發覺自己沒有好好回顧往日的歲月。我在修道院十年的生活並不算短，然而離開修道院，轉向學習精神分析後，卻無暇顧及這十年的生活。當時只是埋首在精神分析理論和研究中，想透過這些框架來理解自己。

某天，我突然出現這樣的想法：「為什麼我對以前的生活那麼不在乎？」雖然沒有必要過度美化過去，但是對於分明「經歷過」的歲月，我為什麼沒有想到要在心裡做出完整的詮釋，再賦予它重要的意義呢？於是我透過以下兩種方法來回顧自己的過往。

追尋自我的兩種方法

首先是找一位值得信賴的精神分析師，在諮商過程中試著以言語來描述自己。以言語描述各種實際事件與個人內在的衝突與幻想，能有助於重建過往歲月並賦予其象徵意義。雖然與朋友或家人對話也可以，不過，當我們確信某人願意充分聆聽我們的話，而不帶任何評論、判斷或情緒時，將會帶給我們截然不同的體驗。而這樣的人，正是精神分析師。

找到合適的精神分析師並不容易。比起學歷，我更看重深入檢視我過往的意願。在那些被稱為心理諮商師、精神分析師的人當中，不乏總是急於想將個案的狀況套入自己深信不疑的理論框架中，對此提出解釋與分析，這種現象不分男女。當然，他們隱藏得非常巧妙，幾乎難以察覺。此外，我還想建議，別尋求一味要求個案依照社會期待而矯正自我的治療師，他們的作法或許能幫助個案成為高度社會化的人，但可以肯定的是，個案必定會逐漸遠離自我，忘卻自我滿足的方法。比起符合社會形象，最重要的是找到真正適合自己的精神分析師。

幾年前，我曾服務過的精神科診所，位於首爾鐘閣站附近。那附近曾經一度架起路障，進行開挖遺跡的工程，我喜歡站在診所位於的高樓層上，眺望工程現場。每當提筆寫作時，只要呆呆地看著面貌逐漸清晰的遺跡，時間總在不知不覺間流逝。

那時我心想：**「原來人類是如此執著於尋找過去，再加以修復、保存，只為用來理解現在。**一個人的生命歷程也應該和這樣差不多吧！不必受到過去束縛，也不必怪罪過去或戀棧過去，只要面對最真實的自我就好。在過往的歲月中，必定會有能用來理解自我的關鍵。」後來在閱讀許多書籍的過程中，我也發現到偉大的佛洛伊德早就用考古遺物來比喻精神分析了。

被泥土覆蓋、水泥遮蔽的遺跡附近工地上，排列著堅固的路障，在開挖者小心翼翼的動作下，遺跡逐漸恢復原貌。這樣的工程現場猶如諮商室。走進諮商室，彷彿進入只有心理師與個案存在的空間，進入一個安全且與外界斷絕的另一個世界，就像為了保護遺跡開挖區而在附近架起堅固的路障一樣。

遺跡因為有路障的保護，在安全且堅固的開挖區裡逐漸顯露原貌，不必受到外界美醜、好壞等價值判斷的影響。它只是待在原來的位置上，而人們也只是研討如何將它和現在的我們聯繫起來。諮商室也一樣。在諮商室裡，高度社會化的各種價值與判斷被隔絕在外，沒有任何介入的可能。我們在此小心翼翼地清除被過往歲月蒙上的灰塵與痕跡，以便能看見聯繫過去與現在的關鍵正在閃閃發光。

第二個方法是書寫自我。這可以獨自進行，不過，需要更高的自制力與意志力。因為這必須規律、反覆地進行，不能中斷。專職寫作的作家經常這麼說：

「文章寫得好不好完全不重要，重要的是每天誠實寫下自己內心的想法，哪怕只有一行也好。逐漸熟悉並且找到自己的節奏後，你會發現自我意識的流動變得更加自由奔放，連精神分析師都難以追上，甚至寫文章的速度比腦袋動得還快。」

我的老師曾經這樣形容：「寫書是將符號丟向這個世界的行為。」符號正是我們自己。即便目的不在於出書，只要持續以言語或文字表達自我，就能不斷留下符號，讓自己發光。這樣的行為等於「存在」。經過書寫、修改、再書寫的反覆行為，這些文字又將成為另一個我，與自己對話。無論是什麼樣的內容，寫作有時也像是不斷自我淨化的過程。

潛意識無法抹除

我在與許多個案進行精神分析時，偶爾會遇到一些急著排除自己內在負面情緒的人，幾乎到了強迫症的程度。看著他們不停評論自己的想法與行為，並為自己定罪的模樣，不禁感到惋惜。先以結論來說，精神分析並不是要去除或導正負面、有問題的地方，進而創造一個健全的人格。坦白說，那是不可能的，也沒有人能完全去除內在的負面與陰暗。

任何一位精神分析師，都不是經過嚴格的自我修練和淨化，進而將所有負面因子或缺點去除的聖人。我們的目的在於引導個案認識自己的軟弱，進而接受軟弱也是自己的一部分。**在此過程，人們將可重新詮釋脆弱，認同其為自己的一部分，並與之和諧地共度一生。**

在從事精神分析工作的人們之中，也有許多專家不斷解構個案的潛意識，去除潛意識中隱藏的負面因子，試圖引導個案回到最完美的狀態。然而，有待處理的問題無窮無盡，不可能全部清除。因為專家也不是完美的人，他們既不是完美的母親，也不是最理想的人。

這種態度無異於帶著刻板印象，去看待我們潛意識中黑暗的一面，就像許多人都認為母性理當美好的刻板印象一樣。然而，我在拉岡的精神分析案例中學到一點，那就是潛意識並非一成不變。換言之，**壞人不是絕對的惡，好人也不是絕對的善。**當然，極端的犯罪是例外。

也就是說，我們和誰處在什麼樣的情況下，或者建立什麼樣的關係，都會影響潛意識的狀態。在某些人面前，我們可能是非常善良的好人，在某些情況下，卻可能是相當惡劣的壞人，人類就是如此。並非因為受到他人的影響，就能把原因歸咎到別人身上，一切都在雙方互動中發生，而當我們無法保護好自己時，問題便就此發生。懂**得保護自己，才能保護他人、保護子女。唯有如此，我們才能不被他人的需求與慾望左右，任何事情都能做出最合適的選擇。**

如果選擇了善良，選擇發揮母性的美好，就不必刻意追隨刻板印象中的母性和善良人性，而應該專注在自己身上，並且和自己保持一定的距離。為了不被他人的需求與慾望左右，我們應先檢視自己內在的需求與慾望，評估它們正帶來什麼樣的影響，並且隨時張開自己的耳朵，傾聽自己內在發出的聲音，而不是外在的言語。

以為自己是好母親的人，可能在無形中對孩子造成傷害；責怪自己是壞母親的人，也可能為了子女而完全放棄自己。我想說的是，母親這種身分是有無限可能的。為人母親，以及身而為人，都必須永無止盡地思考。看著不停思考的母親，孩子自然不會停止對個人生命的探索。

不是回到過去，而是攜手前進

這句話聽起來或許有些矛盾，不過，我個人向來不太喜歡人們經常使用的「治癒（curing）」一詞，因為它給人的感覺像是回到事情不曾發生的狀態一樣。已經發生的事情是無法挽回的，同樣的，已經造成的傷害也無法抹滅。

而我們所要做的，不是將身體和意識所記憶的創傷與匱乏徹底清除，而是重新理解、定義，並在這個過程中，減緩它為我們所帶來的負面影響，進而從新的角度觀照自己的生命。在這樣的意義下，「療癒（healing）」一詞要比治癒更貼近真實情況，也對我們更有幫助。這也是為什麼我們的人生即使帶有某些創傷，也能夠獲得療癒的原因。

前面提過，我們經常能聽見「我本身有一些心理創傷」這樣的說法，看似是在說「因為我經歷過這樣的事，所以某些事我辦不到。」不過，我無法完全認同。因為他們並沒有真正理解心理創傷，而是把沒能完成某些事（儘管自己並不想做）當成心理創傷導致，而以此作為逃避的藉口。如果有能力說出這些話，代表那並不是心理創傷，只是一段不堪回首的記憶。也有許多人因為真正的心理創傷而毀了一生，甚至被創傷壓垮，只能永遠活在痛苦之中，而無法向前邁進。無論是心理創傷，還是不堪回首的記憶，我們都無法徹底回到不曾發生過的狀態，只能帶著它們繼續前進。

經過書寫、修改、再書寫的反覆行爲，這些文字又將成爲另一個我，與自己對話。

享受無聊生活的力量

「努力發掘日常中
能自我滿足的小小行程，
更具有意義。」

許多心理學家都說，乏味無聊的生活容易造成人們產生各種心理疾病。這裡指的「無聊」，不是因無事可做而感到無趣。「無聊」這個詞彙，可能有各種含意，而每個人對於無聊的感受，也包含著不同的意義與經驗。為了避免無聊而被創造出來的東西，便是「工作」。

我們身邊的工作狂朋友，總是說自己「實在太累，連移動手指的力氣都沒有了」，也常抱怨「真想逃離這一切，什麼事情都不想做」。但等到真正有了空閒，他們卻又閒不下來。為了逃避時間空白帶來的空虛，總是想方設法欺騙自己、說服自己繼續忙碌。當然，將忙碌視為美德的社會風氣，也是導致人們無法真正面對無聊的重要原因。

有時候累到什麼事都不想做，只想靜靜的待著，卻總想吃些什麼（儘管肚子並不餓）。這種時候，正好應驗了達里安．李德爾引用精神分析師奧托・費尼謝爾（Otto Fenichel）所說的話：「無聊建立在口腔的基礎之上。」口腔也是孩子生命中第一次與母親乳房接觸的器官。孩子與母親乳房的關係，不僅僅是為了生存而吮吸，孩子一方面藉由乳房獲得生存的保障，一方面也享受於吮吸的快感。就像大人將香菸或食物含在嘴中，這個觸感能帶給人們遊戲的感覺。透過這個極為簡單的媒介，就能讓人逃離無聊與空虛帶來的空白狀態，證明自己依然活著。

因為無聊而感到不安的人

不安也是如此。即便現實生活中沒有任何危險降臨，許多女性仍自尋煩惱，製造想像的不安。當一個不安解決後，又轉向另一個不安，一再反覆，不肯放下心中的焦慮。因為不安，該做的事情不斷增加；也因為不安有著穿透人心的力量，所以讓人有活得充實的感覺。

每當我這麼說的時候，一定會有人反駁我：「誰會刻意想感受不安？」我的意思不是許多女性喜歡不安，所以自尋煩惱，而是說她們利用不安，忙著將自己推向某個地方。換言之，她們最終的目的並不在於解決煩惱。

智敏的丈夫正在衝刺事業，每天都忙到凌晨才回到家，所以得上班，又得照顧孩子們的智敏，生活過得相當忙碌又孤單。丈夫為了換取家人經濟上的富裕，工作忙得昏天暗地，沒有時間參與三個孩子的教養。智敏非常不願意將孩子交給別人照顧，只好一個人辛苦，以至於她經常抱怨：「錢再多，生活還是累得像條狗，令人憂鬱。」

我曾經這麼問她：「如果孩子被安置在非常安全的地方，給妳自由運用的時間，妳願意嗎？」

智敏陷入一陣沉思，隨後想起一件事。她說之前丈夫下定決心給她一個假期，她可以有兩天自由運用的時間，但她卻坐立難安，不知道該做什麼。那時什麼感覺也沒有，只是整天發呆，感覺整個人都消失不見了。

人們因為無聊，所以劈腿；因為無聊，所以刺激身體出現一些症狀。接著，一方面抱怨為了解決、治療這些問題，使自己精疲力盡；另一方面卻又慶幸有這些事，才能逃離自己重要的情緒或必須面對的課題。

職場女性嘴上說著自己被工作淹沒，再也忍耐不下去，然而當工作結束後，卻又閒不下來。雖然打著經濟上的原因不願辭去工作，但那也許不是真正的理由。至於身為家庭主婦的女性，因為每分每秒都在擔心孩子，所以她們不允許自己有任何的空白。對她們而言，空白不只是單純的無聊，更有種接近死亡狀態的感覺。她們不厭其煩地檢視自己的人生，而這個慾望使她們永遠與無聊的生活絕緣。

因為無聊而爭吵的人

有時丈夫或妻子過度包容，另一半反而會因為忍受不了相安無事的和平，而挑起爭端。仔細聽完他們的做法，有些人是挑起無關緊要的是非，有些人則是找連自己都覺得無理取鬧的碴，刻意引起爭執。就以丈夫來說，他們會從毫不起眼的小事下手，故意做出讓人誤會的行為，引發妻子的懷疑，最終造成夫妻間劇烈的爭吵。換句話說，他們正反覆利用這種方式來追求刺激與快樂。

快樂，並非多麼了不起的情緒。任何事情都會帶來反應，如果把過程中產生的情緒全部抽離（無論是好是壞），我們將會發現那不過是感官上的碰撞與互動。假設有對夫妻整天吵個不停，他們前往心理諮商中心，獲得能改善夫妻關係的建議後，嘗試利用這些方式減少爭吵，也的確過著相安無事的生活。但是對他們而言，這真的是最好的辦法嗎？和平相處、相敬如賓的夫妻生活，不是為了滿足人們的刻板印象嗎？在刻板框架所建構出的關係中，那對夫妻真能過著理想的婚姻生活嗎？這是需要深思的問題。

電影裡，男女主角在克服種種困難後，通常會以「從此兩人過著幸福快樂的日子」結尾落幕。然而，落幕之後的生活，才是現實的生活。這對夫妻為改善彼此的關係而努力，儘管是值得稱許的，不過也可說他們早已習慣以之前極端爭吵的方式，來探索彼此、維繫關係。刺激與反應帶來的快樂一旦消失，兩人的關係甚至可能走向凋零。因為變得無聊了，而無聊的狀態是不被接受的，在任何關係或生命中都是。

當然，暴力的相處模式如果逾線，也可能走向無法回頭、兩敗俱傷的危險後果。當這種刺激與反應發展到極端時，令人無法招架的破壞力與痛苦也將隨之發生。所以我們必須再三反省自己是否因為無法忍受無聊，反而導致自己承受了某種痛苦與症狀。貿然勸說他人和好，反倒可能剝奪了他們暗中享受的快樂。**我們需要的不是破壞自己或他人的方式，而是思考是否有其他的方法，能讓自己發掘出真正的快樂。**

我們必須認識在無聊狀態下的自己，究竟是什麼樣的人。然而，如果不想透過具有破壞力的方式發掘自己的快樂，並持續這樣的快樂，該怎麼做才好？而我們又該如何在不壓榨對方，不侵犯孩子人生的前提之下，維繫自己真正的快樂？**首要任務是把目光放在自己的內心，帶著好奇觀察、感受內在的各種聲音，也就是說，我們必須對自己感到好奇，學會向自己提問。**

許多母親總說：「我要多了解我的孩子，才知道怎麼幫助孩子啊！」我希望各位母親能換成另一種說法：「我要多了解自己是什麼樣的人、渴望什麼，自己的慾望和快樂又在哪裡，才知道怎麼幫助自己。」唯有知道自己真正需要的是什麼，未來在對孩子提出要求時，才能設定好明確的界線，也才能適時放手。

建立自己的日常行程

我週末時也會安排諮商，所以固定週一休息。週一上午，我總會前往離家不遠的同一間咖啡館，坐在同一個位置上，一邊啜飲咖啡，一邊閱讀、寫作，這樣的時間是我一個星期之中最期待的。為了大幅提升這段時間的快感，其他日子即使有空閒，我也會忍著不去咖啡館。另外，雖然平日經常工作到深夜，不過，週日晚上我一定早早入睡。因為這樣一來，我才能在週一一早以絕佳的身體狀態起床，並且在路上最空曠、陽光最明媚的時候，抵達咖啡館。

每次想到週一上午，我總是滿心期待、心情愉悅。我一直努力建立這種看似微小，卻是個人專屬的日常行程，也正一點一滴地增加中。儘管微不足道，卻得花費許多心力來維持。我也想藉此擺脫他人的束縛，用自己的力量感受生命的喜悅與快樂。

我身邊的許多作家，也說過類似的話：「為了在每天最美好的時刻坐下來專注寫作，必須先調整好其他行程和身體狀態。」換言之，要讓某件事成為最快樂、且樂此不疲的事情，需要像修行一樣的反覆練習。

即使不是為了追求多麼偉大的自主人生，至少這個小小的改變，就能讓自己不再依賴他人，不再從他人身上尋找自己生命的滿足。

對我而言，除了諮商室和住家，以及一週進行一次的教育分析之外，生活中沒有其他特別的活動了。即使這樣單純的生活反覆上演，我也不覺得無聊。應該說，我根本無暇顧及無不無聊。那是因為我品嘗到了從自己身上發掘快樂的滋味。無論是誰，無論處於什麼情況下，都能達到這個境界。

有些人說：「像那樣生活，幾乎等於是修行了吧？」這是有可能的。雖然只是一件小事，但想要維持下去，必須有自我克制的能力，所以稱之為修行也無妨。但是對人生已走到這一步的人，尤其是讀到這本書的你，一定會知道。知道跟著感覺走所得到的快感不可能長久，也知道這個快感和舒適的狀態，不會如你所願那般隨時出現。

希望各位別讓實現個人快樂與滿足的權利拱手讓人。責怪生命或陷入憂鬱，注定只是虛耗人生。與其漫無目標尋找某個對象，藉此滿足我們對生命的迷戀與愛情，不如努力發掘日常中能自我滿足的小小行程，相信會更有意義。

「無聊是遮蔽虛無的帷幕。」
——赫爾伯特·普格（Herbert Plugge）

參考文獻

1. 大韓聖書公會聖經編輯組、大韓聖書公會，《中文和合本聖經》。
2. 麥可．艾根，《*Toxic Nourishment*》（《毒營養》），Routledge，1999。
3. 卡特琳娜．瑪德琳，《*Raisins verts et dents agacées*》（《拉岡與兒童精神分析》），DENOEL，1993。
4. 布魯斯．芬克（Bruce Fink），《*A Clinical Introduction to Lacanian Psychoanalysis: Theory and Technique*》（《拉岡與精神醫學》），
5. 肖恩．霍默（Sean Homer），《導讀拉岡》（簡體譯本），重慶大學出版社，2014。
6. 茱莉亞．克莉斯蒂娃，《*Au commencement était l'amour: psychanalyse et foi*》（韓譯《愛的精神分析》），Hachette，1985。
7. 達里安．李德爾，《*Promises Lovers Make When It Gets Late*》（《戀愛時我們的甜言蜜語》），Gardners Books，1998。

8. 佛洛伊德，《性學三論：愛情心理學》，志文，1990。

9. 佛洛伊德著，約瑟夫·桑德勒（Joseph Sandler）編，《*The Harvard lectures*》（《佛洛伊德哈佛演講》），Routledge，1992。

10. 塞爾日·安德烈（Serge André），《*Que veut une femme?*》（《女人要的是什麼？》），Contemporary French Fiction，1995。

11. 瑪德琳·戴維斯（Madeleine Davis），大衛·瓦爾布里奇（David Wallbridge）共著，《*Boundary and Space*》（《邊界與空間》），Karnac Books，1981。

12. 布魯諾·貝特罕（Bruno Bettelheim），《*A Good Enough Parent: A Book on Child-Rearing*》（韓譯《父母做到這樣就好》），Vintage，1988。

13. 茱莉亞·克莉斯蒂娃，《*Le génie féminin, Melanie Klein ou matricide comme*》（《精神病，弒母，以及創造性：梅蘭妮·克萊恩》），Fayard，2000。

14. 朴又蘭、金善浩共著，《小學生自尊心的力量》，Gilbut，2019。

15. 喬治·阿甘本，《*Stanzas: Word and Phantasm in Western Culture*》（中譯為《詩節：西方文化中的詞與魅影》），University of Minnesota Press，1993。

女兒是吸收媽媽情緒長大的【暢銷特典版】

獻給世上所有女兒、母親、女性的自我修復心理學

作　　者　朴又蘭
譯　　者　林侑毅

企劃編輯　楊玲宜 Erin Yang
責任行銷　鄧雅云 Elsa Deng
封面裝幀　之一設計
版面構成　譚思敏 Emma Tan

發 行 人　林隆奮 Frank Lin
社　　長　蘇國林 Green Su

總 編 輯　葉怡慧 Carol Yeh
主　　編　鄭世佳 Josephine Cheng
行銷經理　朱韻淑 Vina Ju
業務處長　吳宗庭 Tim Wu
業務主任　鍾依娟 Irina Chun
　　　　　林裴瑤 Sandy Lin
業務秘書　陳曉琪 Angel Chen
　　　　　莊皓雯 Gia Chuang

發行公司　悅知文化　精誠資訊股份有限公司
地　　址　105 台北市松山區復興北路99號12樓
專　　線　(02) 2719-8811
傳　　真　(02) 2719-7980
悅知網址　http : //www.delightpress.com.tw
客服信箱　cs@delightpress.com.tw
ISBN : 978-626-7721-33-9
建議售價　新台幣380元
二版一刷　2025年09月

國家圖書館出版品預行編目資料

女兒是吸收媽媽情緒長大的：獻給世上所有女兒、母親、女性的自我修復心理學 / 朴又蘭 著；林侑毅譯. -- 二版. -- 臺北市：悅知文化精誠資訊股份有限公司, 2025.08　面；　公分
ISBN 978-626-7721-33-9（平裝）
1. 女性　2. 自我實現　3. 女性心理學
177.2　　　　114010842

建議分類｜心理勵志